走近管子

上篇 传奇人生

中篇 旷世功业

下篇 鸿篇巨著

中国哲圣人物丛书

图说管子

宣兆琦 著

山东友谊出版社

宣兆琦 著　山东友谊出版社

走近管子

在山东淄博临淄东南约十公里处有一座山，名叫牛山；牛山脚下有一条河，名叫淄河；山河间有一片明镜般的泉水，叫天齐渊。

据史书记载：牛山上佳木葱茏，庙宇其上，台榭其间；阳春三月，暖风习习，淄水泱泱，渔樵唱晚；天齐渊水，五泉并出，大泉喷珠，小泉吐玉。齐景公游牛山潸然泪下，孟子游牛山叹林木尝美；秦皇汉武登泰山而告天报地，临天齐渊而祭祀八神。难怪在临淄八景中，此处的"牛山春雨""淄江晚钓"就居其二呢！在古人的心目中，这里是天之中央，这里是神山圣水，这里是游览胜地！

背山面水，地势高耸，视野开阔的一带，定然算得上人们所说的"风水宝地"了。管仲墓，正坐落在牛山北麓、淄水南岸一处钟灵神秀的台地上。

遥想当年，古墓巍峨高大，俨然山丘，虽历经千年风剥雨蚀，现仍高约14米，东西长约34米，南北长约14米。古墓周身丰草覆盖，渗透着历史，蕴藉着深邃；墓顶松柏挺立，象征着久远，诉说着沧桑。

据《青州府志》记载，管仲墓旧有碑，题"管子之墓"，为明嘉靖乙巳年按察使鲍象贤立石。另有石碑一座，刻明人毛维驺诗曰："幸脱当年车槛灾，一匡霸业为齐开。可怜三尺牛山土，千古常埋天下才。"历代文人墨客来此凭吊抒怀，吟诗作赋、刊石以志者甚多，可惜今已荡然无存。建国后，管仲墓

↑牛山

位于齐国故都临淄东南部，海拔174米。《晏子春秋·谏上》说："齐景公游于牛山。"《孟子·告子上》说："牛山之木尝美矣。"牛山是久负盛名的风景文化山。

被列为山东省重点文物保护单位。

管仲是我国古代伟大的政治家、思想家、军事家、理财家，是中国第一相。他从囚徒到宰相的传奇人生，从富国强兵到平治天下的旷世功业，从遗教未泯到《管子》传世的绵长文脉，足以与

天齐渊

俗名温泉，是临淄自古以来的名泉。位于牛山脚下的淄河岸边。据《史记·封禅书》记载，天齐渊是祭祀齐地八神之一天主的圣地。

日月争辉，并天地长存。

正是这位从安徽颍上走来的千古贤人，将毕生的精力和才智献给了齐国，献给了天下苍生。

管仲生前没有衣锦还乡，死后没有魂归故里，而是以一种“死者何足道，托体同山阿”的超然境界，长眠于他的第二故乡了。

多少个鸟唱晨曦，多少个夕阳映照，肃立于管仲墓前，凝视着这座2600年前的丰碑，我似乎沐浴了当年的春雨秋风，我似乎置身于当年的金戈铁马。

哦，原来时空可以穿越，历史就在眼前！

↓管仲墓

位于牛山北麓，淄河岸边，距天齐渊数百米。墓现高约14米，东西长34米，南北宽14米。古时，墓前立碑两方，一刻“管仲像”，一刻“齐相管夷吾之墓。”现依托管仲墓，已建成规模宏大的管仲纪念馆。

上篇

传奇人生

远逝了贵族的荣耀

中国古人尊崇的高山有泰山、衡山、华山、嵩山与恒山，尊崇的大河有黄河、济水、淮河与长江。在这五山与四水之间有一条美丽的河流，她的名字叫颍河。

颍河发源于中原地区的嵩山，一路蜿蜒曲折地流过今河南境内的登封、禹县、临颍、周口、项城、沈丘和界首，然后欢快地流进了今安徽境内的太和与阜阳，最后从颍上县注入淮河。千百年来，颍河像一位青春永驻的母亲，用她那甘甜的乳汁滋养了一代代生活在两岸的儿女；像一位威武永驻的卫士，以他那昂扬的斗志守护着这一片化育万物的家园。

因位于颍河北岸得名的颍上县，沟河纵横如织，湖泊星罗棋布。在这片古老、神秘而又肥沃的大地上，春秋时有楚国所置的慎邑，秦汉时置慎县，南北朝时称楼烦，隋大业二年（公元606年）更名颍上县，沿用至今。

颍河局部

位于管仲故里安徽省颍上县管谷村。河水清清，绿树夹岸，风景如画。

管氏宗祠圖

樹功刻石紀言鐘鼎彝器係子俱足以見其忠也然志之所趣不可強同貽謀之善蹟著千古亦君子所樂許焉于是纂建置第三

宗祠

吾管氏宗祠拓基于如皋縣東一百三十里掘港場之西街其地東西九丈二尺南北計二十三丈三尺於隆慶元年七世祖樂菴公所營構也建屋兩進後進即寢堂也左右廊廡各三楹前進左偏屋南向者亦三楹將以爲家塾耳其原建祠圖附注于右

管氏宗谱书影之一

那是公元前七世纪的一个拂晓，风雨交加，电闪雷鸣。颍上县城北的管谷村，一个新的生命呱呱坠地了。这个婴儿在此时此刻降生，似乎预示着他一生的峰回路转与波澜壮阔。深感幸福与惊喜的父母给盼望已久的儿子取名管夷吾。

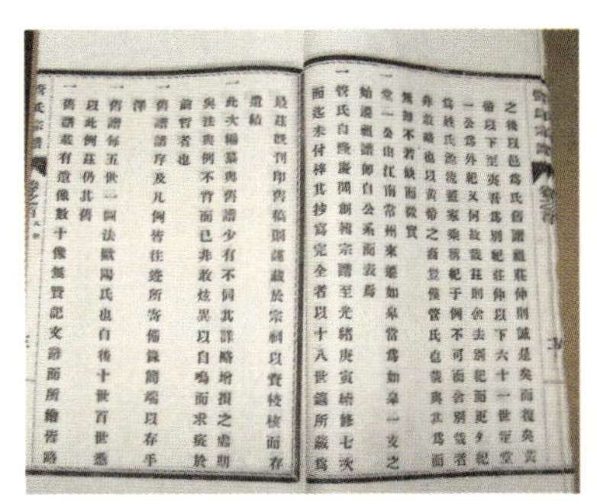

管氏宗谱书影之二

管夷吾，字仲，世称管仲，又尊称为管子。生年不详，据推测，大约生于公元前725年，卒于公元前645年，活了80岁左右。

关于管子的出身和家世，我们从简略的古书记载中只知道他的父亲叫管严仲，始祖是周穆王。另外还有一种说法，管仲可能是管叔鲜的后裔。

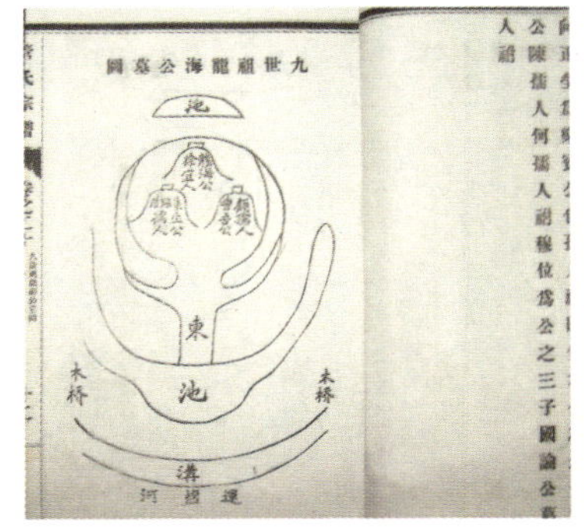

九世祖龍海公墓圖

管氏宗谱书影之三

穆王是西周的第五位王，在位55年。穆王时期，中原地区诸侯失和，周边地区戎狄叛周，王道已经显露出衰微的迹象。于是穆王内修政理，西征犬戎，一直打到今天的甘肃省平凉一带，大胜而归。随着周穆王的远征，周代的文明也远播四方，这为后来的民族融合准备了条件。

管叔鲜是周武王姬发的弟弟。西周灭掉殷商以后，武王为了稳定社会，巩固统治，在政治上推行分封制度。所谓分封制度，就是把武王的自家人和有功的外姓大臣，分别派到

全国各地，划定一个地域范围，建立自己的政权，叫做诸侯国。诸侯国隶属周王室，对王室承担朝贡和保卫安全的义务。正是在这种背景下，周武王的弟弟叔鲜被封到了一个叫“管”的地方，主要任务是监视刚刚被打败了的殷朝人。我国的姓氏源流是非常复杂的。在先秦贵族制时代，人人都有姓，而贵族不但有姓，还有氏。氏是贵族身份的标志。氏的来源很广泛，以封地作为氏是其中一个途径。叔鲜封“管”以后便以封地为氏，因而叔鲜又称管叔或管叔鲜。据说这就是管仲的姓氏来源。

穆王的后代也好，管叔的后裔也好，既然已经不能确考，姑且不说也罢。然而，管仲的先祖出自西周王室却是不容置疑的事实。或许因为随着时光的流逝渐渐使血缘关系疏离，或许因为某个重大的历史变故，或许一个其他什么说不清道不明的缘由，总而言之，管氏家族不知从第几代祖宗起便失去了贵族的身份，随之也就失去了罩在头上的神圣光环和养尊处优的地位，家道急剧衰落，终于沦为平民阶层了。

尽管荣耀的出身，钟鸣鼎食的生活早已过去，只余仅

↓管氏牌坊

位于江苏省如东县掘港镇。此为明代立管仲后裔牌坊。

↓管仲后裔旧居

位于江苏省如东县掘港镇。此为清代建管仲后裔旧居。

汉柏

位于泰山岱庙。相传为汉武帝元封元年（公元前110年）封泰山时栽植。

供缅怀的历史了，然而，管仲却有着深深的贵族情结、尊祖观念和忠孝思想，因为他的血管里流淌着高贵的姬周血液！

西汉大史学家司马谈也有着同样深深的贵族情结、尊祖观念和忠孝思想。据历史记载，汉武帝到泰山封禅，司马谈没能从行，因而忧愤成疾。大凡我国古代的圣君明主，大功告成之后，都要封土于泰山而禅祭于梁甫，举行告天报地大典，叫做封禅。封禅是一种很隆重的宗教仪式，也是古代政治生活中极其重大的事件。参加封禅的人无不感到光荣与自豪。难怪失之交臂的司马谈竟然一病不起。临死前，他拉着儿子司马迁的手，泪流满面地讲述了司马氏家族的荣耀历史。他说司马氏先祖在夏朝主管天官之事，在周代司太史之职，常显功名，世享爵禄。他说司马氏后世中衰，深恐家族遗风断在己手。最后，司马谈对司马迁赋予重托，希望他能光宗耀祖，完成自己没有完成的事业，写出一部贯通古今的史书出来。

如同贵族情结、尊祖观念、忠孝思想激励着司马迁写出千古名著《史记》一样，这一情结、这一观念、这一思想也化为管仲“立德”“立功”“立言”的雄心壮志，追求功名显于天下、永垂万世的力量源泉！

漂泊青年路

管仲的远祖虽然是贵族世家，然而管仲却早已远逝了贵族的荣耀，降为平民了。不，管仲连平民都不如！因为在他的少年时代，浸透了太多的酸辛；在他的青年时代，充满了太多的苦难。

大概在管仲还是孩子的时候，父亲管严仲便恋恋不舍地告别了娇妻爱子，痛苦而无奈地离开了人间。因而，管仲自幼与母亲相依为命，茹苦含辛，艰难度日。

在血浸泪泡中，管仲在故里颍上陪伴着母亲熬过了充满艰辛的幼年和童年，终于长大成人了。作为一个充满幻想的血气方刚的青年，管仲产生了强烈的摆脱贫穷、追求幸福的愿望：为母亲，为自己，为生存，为显达。

管仲童年时代

在故里安徽省颍上县管谷村。（赵全绘）

俗话说，“树挪死，人挪活”。大凡在老家生活不下去的人们往往会背井离乡，到异国别地谋生，尽管这是一种痛苦而无奈的选择。春秋时期的穷人自然也不例外。请听一首发自社会底层人们心中的《硕鼠》歌吧！

大田鼠啊大田鼠，
别再吃我的谷黍。
伺候你三年了呀，
我的生活谁来照顾？
发个誓离开你呀，
搬到远方的乐土。
乐土呀乐土，
那儿才是我的好住处！

大田鼠啊大田鼠，
别再吃我的麦禾。
伺候你三年了呀，
我的好处谁肯说？
发个誓离开你呀，
搬到远方的乐国。
乐国呀乐国，
那儿才是我的好依托！

大田鼠啊大田鼠，
别再吃我的禾苗。
伺候你三年了呀，
我的辛苦谁慰劳？
发个誓离开你呀，
搬到远方的乐郊。
乐郊呀乐郊，
谁还老呼号！。

五岳独尊

泰山，古称岱山、岱宗，因是中国东部的大山，故称东岳。东岳泰山与南岳衡山、西岳华山、北岳恒山、中岳嵩山合称五岳，而泰山居五岳之首，享有“五岳独尊”之誉。

春秋时期南阳邑因位于泰山之南而得名，原属鲁，后归齐。

从《诗经·魏风》这段古老的歌谣中，我们听到了来自那个遥远时代的穷苦人们的心声。这心声如其说是如泣如诉的低吟，还不如说是亦梦亦幻的高歌。总之，在当时，“适彼乐土”应该是一股社会潮流。

那么管仲的乐土在哪里呢？他把目光投向了北方，投向了遥远的齐国。

齐国是姜太公的封地，有鱼盐之利，拥山林之饶，并且太公受封之初便制定了优先发展工商业的基本国策，因而经济发达，百姓富裕，外来人发展的机会也比较多。

管仲决定要到齐国闯世界了。他带着老母跋山涉水，餐风饮露，日夜兼程，终于来到了齐国的南阳。南阳是一座位于泰山以南的城邑（在今泰安市境内），春秋初期属于鲁国，后来归属齐国。这里处于齐鲁交汇之地，商贾云集，车水马龙，是一个商品经济比较发达的地方。然而，南阳并没有为初来乍到的管仲铺就一条通达的致富坦途，恰恰相反，展现在他面前的依然是曲折而坎坷的生活之路。

南阳经商是管仲一生中最为贫困潦倒的时期。《战国策·秦策五》载姚贾语说：“管仲，其鄙人之贾人也，南阳之弊幽……”高诱注释说：“弊，隐也；幽，潜。不见升用，贫贱于南阳，故曰南阳之弊幽。”《吕览》说：

运盐河

位于江苏省如东县。据传，该河是管仲后裔为运盐而开掘的一条人工河。

孔子职司委吏

青年孔子曾为季孙氏管理过仓库。

（选自《图说孔子》，山东友谊出版社2006年版）

"管仲与鲍叔同贾南阳。"《说苑 · 复恩》载管仲自己的话说："吾尝与鲍叔负贩于南阳，吾三辱于市，鲍子不以我为怯，知我之欲有所明也。"可见，管仲刚到齐国时，在齐国边鄙城邑南阳做了一个小商贩，不仅生活贫困，而且还时常遭受市井无赖们的欺负和凌辱。每当此时，管仲都紧咬牙关、一声不响地忍受了下来。

除了南阳经商外，青年管仲的生活与遭遇，古书也多有记载，可惜都比较简略。《说苑 · 尊贤》说："管仲故成阴之狗盗也，天下之庸夫也，齐桓公得之，以为仲父。"《管子 · 小匡》载管仲语说："夷吾尝为圉人也。"圉人，就是养马人。比较集中的记载应该是《史记 · 管晏列传》了。根据这些记载，我们知道，青年时期的管仲到过齐国的南阳、成阴，还有其他许多地方。在谋生的道路上，经过商，当过兵，为过吏，养过马，操持过多种多样低贱的职业。即便如此，他做得并不顺手、也不开心。经商赔了本钱，打仗败下阵来，为吏遭到驱逐，结果成了一个鸡鸣狗盗之徒，成了一个受辱于市的庸夫！

孔子也是出身于没落贵族家庭，也是幼年丧父，也是在贫贱中成长起来的。孔子自己说："吾少也贱，故多能鄙事。"（《论语 · 子罕》）大概扫地、做饭、洗衣、种菜、挑担、推车等家务劳动，放牛、放羊以至吹鼓手之类的事情，他都做过。据说二十岁以后的孔子，曾有两次充当掌管具体职司的小差使（小吏）：一次叫乘田，一次叫委吏。乘田是管理牛羊的小吏，委吏是管理仓库的小吏。对此，司马迁在《史记 · 孔子世家》

中说："孔子贫且贱。及长，尝为季氏史，料量平；尝为司职吏而畜蕃息。"可知，孔子做小吏时还比较称职。

相似的出身、相似的早年生活经历，使孔子对管仲多了一份理解、多了一份赞许。据《说苑 · 善说》载：一天，子路与孔子谈论管仲。子路说管仲"家残于齐而无忧色，是不慈也。"孔子说："家残于齐而无忧色，非不慈也，知命也。"又据《孔子家语 · 困誓》载孔子语说："吾闻之，君不困不成王，烈士不困行不彰。庸知其非激愤厉志之始于是乎在？"此话似乎又是因管仲而发的。可见，孔子可以算得上管仲的后世知音了。

面对贫贱和困顿，是屈服还是抗争？是退缩还是奋进？是怨天尤人还是踏歌前行？这是英雄和懦夫对待命运的不同态度。社会的纷繁复杂，人生的艰难曲折，现实生活的巨大反差，时代使命感的强烈驱使，使管仲产生了深深的忧患意识和位卑未敢忘忧国的心理。二者的猛烈撞击，自然引发了管仲奋发向上的意志，坚定了管仲追求卓越的信念。

那么，怎样才能积极向上，担当大任，从而达到卓越之境呢？管仲通过冷静的观察、深深的思考后，终于把希望的目光投向了齐国的宫廷之中，投在了公子纠的身上！

孔子职司乘田

青年孔子曾为季孙氏管理过牛羊。

（选自《图说孔子》，山东友谊出版社2006年版）

机遇的光顾

在人生道路上，往往困顿与通达同在，挑战与机遇并存。在艰苦的环境中奋斗固然会吃尽苦头，但苦头中必定孕育着希望；在崎岖的山路上攀登固然会历尽艰辛，但峰回路转处往往有无限风光。厄运不会伴人终生，机遇终于光顾管仲了。

姜氏齐国的第十三代国君僖公是一个很有作为的人物，他与父亲庄公统治齐国近百年之久，对内富国强兵，对外开疆拓土，开创了小霸诸侯的局面。晚年的僖公理应志得意满了，然而却仍有浓郁的忧思常常袭上心头。

齐桓公

（？—公元前643年），姓姜，名小白。姜氏齐国第十六代君主。在管仲的辅佐下，九合诸侯，一匡天下，成为春秋五霸之首。

（选自清光绪刻本《东周列国志》）

原来，僖公有三个儿子：长子诸儿，次子纠，幼子小白。按照当时的礼制，僖公百年之后，诸儿是法定的君位继承人。然而，诸儿是一个心胸狭窄、少仁寡义、反复无常的人，一旦即位，很可能上演同室操戈的悲剧，这就不能不使僖公忧心如焚了。为了避免悲剧的发生，僖公决定委派管仲和召忽辅佐次子纠，委派鲍叔辅佐幼子小白。因为这三人阅历丰富、智勇双全，当时人们比喻他们在齐国犹如鼎之三足，可以说是难得的栋梁之才，俊杰之士。

管仲与召忽认为施展政治抱负与才能的机会终于来临了，机不可失，

时不我待，于是欣然接受了僖公的委任。不料鲍叔却称病不出，拒不受命。

当管仲与召忽前往探视时，鲍叔面带难色，不无忧凄地说：“先人说的好，知子莫若父，知臣莫若君。僖公知道我是不才之人，所以让我辅佐不才之主。我出山还有什么意思呢？”

当时，除诸儿外，公子纠在齐国处于很特殊的地位。纠内因母亲受宠于僖公，得爱屋及乌之益，进有践位良机；外因母亲为鲁国公主，有近水楼台之效，万一有变，退有栖身之地。而小白却不然。小白年幼失母，在宫中形只影单；母亲为卫国之女，卫国弱小不说，离齐国又远，万一有变，可以说鞭长莫及。真可谓内无靠山，外无救援，在齐国像一只哀鸣的孤雁。当风云突变之时，暴雨将至之日，小白势必首当其冲，折翅断羽。

召忽听了鲍叔的一席话后，表示了深深的理解和同情。他安慰鲍叔说：“您如果真不愿意的话，就暂时别出山好了。我们就说您病得很厉害，以至于就要死了。这样，僖公自然不会太勉强您的。”

管仲却不同意鲍叔和召忽的意见。他斩钉截铁地说：“不行！凡是想为国家干大事的人，不应该推辞工作和责任，更不应该瞻前顾后图清闲。再说了，将来继承君位的，还说不定是谁呢！”因此，管仲认为鲍叔还是出山的好。

在管仲看来，诸儿虽然居长，但品质不好，即便以后真的当上国君，前途到底如何，仍是一个未知数。公子纠的母亲得宠于僖公看似有利于纠，然而正因如此，他的母亲却遭到了国人的厌恶，以至于殃及公子纠本人。万一有什么不幸，上

管仲

天降祸加灾于齐国的话，纠既便得立为君，也很难得到国人的拥护和支持，到头来可能一事无成。小白固然有许多不利的因素，然而有时候不利会转化为有利。小白的为人，性子虽然急了点，但他没有小聪明，做事情深谋远虑，并且因为早年失母而博得了国人的同情。人心所向很重要，恐怕君位最终非小白莫属。

↑鲍叔牙

生卒年不详，约与管仲同时。自幼与管仲友善。年轻时，鲍叔牙与管仲合伙经商，在种种挫折中成为莫逆之交。后来，鲍叔牙辅佐公子小白避难于莒，返齐登位。在管仲成为阶下囚时，鲍叔牙力荐管仲为相。管鲍之交成为交友的楷模。

当时的齐国，公族与卿大夫之间、贵族与国人之间的矛盾已经相当激烈了，而卿大夫和国人在政治生活中所起的作用还是很大的。在这种形势下，贵族和国人把衡定君位继任者的砝码加在势孤力单，对自身利益构不成威胁的小白一边是完全可能的，也是可以理解的。这一推断完全为后来的史实所印证，在此暂时不赘说。

除上述分析外，很可能还有更深层次的思考，管仲当时没有说出来，那就是：三友辅二主，将来不管鹿死谁手，彼此间都会有个照应和提携，齐国的政治舞台上依然缺不了他们的角色，这应该是一个万全之策。

在充满艰辛与困顿的人生旅途上，管仲、鲍叔与召忽互相帮助、互相扶持，成为了生活中的至友；在齐国错综复杂的政治斗争中，他们三人互相信任、互相勉励，成为了政治上的盟友。他们休戚相关、同舟共济，已经化为一体了。因而万全之策的设计，对他们三人来说是完全必要的，同时也显示了管仲高人一筹的谋略。

关于管仲这一深层次的思考，后来的韩非给说破了。《韩非子·说林

→铜鼎

古代炊器。此鼎为春秋时期齐国所铸。1991年山东省淄博市临淄区朱台镇上河村西出土。现藏于临淄区齐国历史博物馆。

鼎为古代中国之重器，权力之象征。当年，管仲、召忽、鲍叔牙被誉为齐国鼎之三足。

下》说："管仲、鲍叔相谓曰：'君乱甚矣，必失国。齐国之诸公子其可辅者，非公子纠，则小白也。与子人事一人焉，先达者相收。'管仲乃从公子纠，鲍叔从小白。国人果弑君。小白先入为君，鲁人拘管仲而效之，鲍叔言而相之。"《吕氏春秋·慎大览·不广》也有相似的记载："鲍叔、管仲、召忽，三人相善，欲相与定齐国，以公子纠为必立。召忽曰：'吾三人者于齐国也，譬之若鼎之有足，去一焉则不成。且小白则必不立矣，不若三人佐公子纠也。'管仲曰：'不可。夫国人恶公子纠之母以及公子纠，公子小白无母而国人怜之，事未可

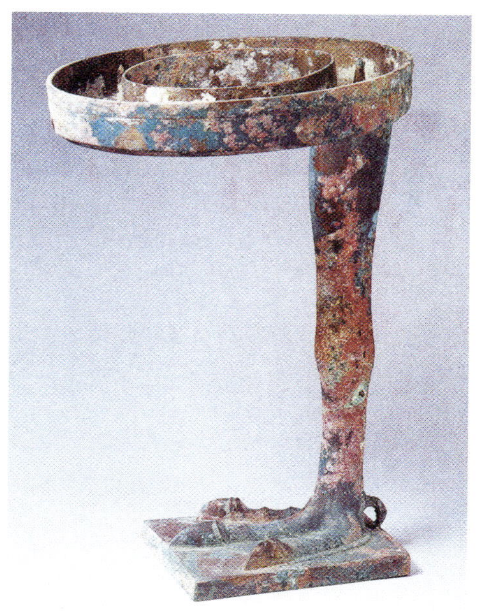

雁足灯

战国时期的齐国灯具。灯盘为圆型凹槽，直口，浅槽，平底。雁足形柄。立于梯形灯座之上。高36厘米，盘径24厘米，底座长16厘米，宽11—13.7厘米。1992年山东省淄博市临淄区稷下街道商王村战国墓地出土。现藏于淄博市博物馆。

知。不若令一人事公子小白。夫有齐国，必此二公子也。'故令鲍叔傅公子小白，管子、召忽居公子纠所。”管仲力劝鲍叔辅佐公子小白，实际上是他对实现政治理想的妙巧规划。这一规划近切而又长远，细致而又周全。

梁启超（1873年—1929年），中国近代著名的资产阶级政治家，思想家。著有《管子评传》。

（选自孟祥才著《梁启超传》，北京出版社1980年版）

鲍叔认为管仲的分析全面深刻，入木三分，于是愉快地答应辅佐公子小白。召忽也就没提不同的意见。对此，梁启超在《管子评传》中说：“管子之事业，虽成于桓公之后，而实滥觞于傅子纠之时是为管子初入政界之始。管鲍二豪，后此相提携以霸齐国，此际乃先分携而立于敌地。齐之必将有乱，三子者皆知之。内乱必起于诸公子，三子者皆知之。至其以至锐之眼光，至敏之手腕，能先事以解决此问题，则非绝大政治家不能也。此管子所以贤于鲍、召也。”

梁启超的话是对的。辅佐公子纠是管仲登上齐国政坛的第一步。多么重要的第一步啊！迈出去，告别了耻辱的过去；迈出去，将拥抱光明的未来。机遇既然光顾，管仲肯定要振动久敛的双翅飞向高远的蓝天了。

祸起萧墙

天有不测风云，人有旦夕祸福。

管仲辅佐公子纠，初入政坛，并没有像人们想像或希望的那样一帆风顺，平步青云。相反，接二连三的磨难等在了后边。

公元前698年，齐僖公去世，长子诸儿即位，是为襄公。

襄公有庄、僖称霸的野心，却没有庄、僖治国平天下的才能。他借助庄、僖余威，大动干戈。连年的战争，既造难于邻国，也消耗了自己。齐国呈现出一片忧凄的景象：成年男子当兵打仗去了，家中只剩下残迈

鲁国故城城墙

鲁国，先秦诸侯国。西周初叶，周天子封周公姬旦于鲁，都曲阜。因周公辅佐成王，故就封的为周公子伯禽。鲁国历西周、春秋、战国，公元前249年为楚国所灭。

此为鲁国故城城墙遗址。

（选自《图说孔子》，山东友谊出版社2006年版）

的老人、弱小的儿童和孤苦无依的妇女。由于缺少男劳力，农活不得不落到妇女们的身上，庄稼自然种得一团糟，昔日盛产谷米的田地里，如今却长满了茂密的狗尾巴草。人们看着眼前的一片破败荒凉，唱起了忧伤的歌谣：

大块田地无人种，
野草茂密一丛丛。
远征人儿想不来，
见不到他心伤痛。

大块田地无人耕，
野草长得旺又旺。
远征人儿想不来，
见不到他结忧伤。

少小年纪多姣好，

两束头发像羊角。

不久倘能见到他，

突然戴上成人帽。

（译自《诗经·齐风·甫田》）

齐国的女性是伟大的。即便她们处于生活的绝境之中，也从未失去过对未来的憧憬。当她们看到日益长高的孩子时，便充满了对美好生活的向往。然而齐国也有这样一个女人，因乱伦而严重地影响了齐国的政局，她就是文姜。

齐僖公送文姜婚鲁

齐僖公（？—公元前698年），姓姜，名禄父。姜氏齐国第十三代国君，在位33年。曾开创齐国庄、僖小霸诸侯局面。僖公有女名文姜，嫁鲁桓公为夫人。

此为齐僖公送文姜出嫁图。

（选自清光绪刻本《东周列国志》）

文姜是齐僖公的女儿，齐襄公的同父异母妹妹。她天生丽质，性格风流浪漫，做姑娘的时候就与襄公私通。后来文姜出嫁了，做了鲁桓公的夫人，一对多情而乱伦的兄妹被迫分开了，这一分手就是15年。然而巍巍泰山并没有阻断他们的彼此思念，他们期待着有那么一天将重温旧梦。真是天遂人愿，这一天真的到来了。那是公元前694年，齐襄公做国君的第四个年头，鲁桓公要去齐国访问，并且准备带着夫人文姜同行。鲁桓公的决定得到了文姜的赞同，却遭到了鲁国大夫申缙的反对。申缙说：“女人有丈夫，男人有妻子，不可以互相轻慢，这就叫有礼。违反了这一点，必然会坏事的。”糊里糊涂而刚愎自用的鲁桓公哪能听进申缙的忠告，还是带着文姜启程了。

鲁桓公携夫人文姜在泺地和齐襄公会见，然后又一块到了齐国。襄公和文姜兄妹俩又旧情重续了。《史记·齐太公世家》中这样写道：“鲁夫人者，襄公女弟也，自釐公（即僖公）时嫁为鲁桓公妇，及桓公来而襄公复通焉。”这一个“复”字真乃画龙点睛之笔。

俗话说“没有不透风的墙。”襄公和文姜的丑事终于败露了。鲁桓公对此气愤异常，狠狠地责骂了文姜。文姜对自己的乱伦行为不但没有一丝悔意，没有一点收敛，相反，却在齐襄公面前告了鲁桓公的状。齐襄

公怀恨在心，他借宴请鲁桓公之机，把鲁桓公灌得烂醉如泥，然后命大力士公子彭生扶其上车，乘机拉断其筋骨，将其活活给整死了。

齐襄公唆使公子彭生谋害鲁桓公的恶行引起了当时齐国人民极端的厌恶与憎恨，他们编成讽刺歌谣传唱道：

巍巍南山高又大，
雄狐步子慢慢跨。
鲁国大道平坦坦，
文姜由此去出嫁。
既然她已嫁鲁侯，
为啥你还想着她？

葛鞋两只双双放，
帽带一对垂颈下。
鲁国大道平坦坦，
文姜从此去出嫁。
既然她已嫁鲁侯，
为啥你还盯着她？

农家怎么种大麻？
田垅横直有定法。
青年怎么娶妻子，
必定先要告爹妈。
告了爹妈娶妻子，
为啥还要放纵她？

想劈木柴靠什么？
不用斧头没办法。
想娶妻子靠什么？
没有媒人别想她。
既然妻子娶到手，

鲁桓公夫妇如齐

齐襄公四年（公元前694年），鲁桓公偕夫人文姜访问齐国。齐襄公与文姜私通。由此，鲁桓公遭齐公子彭生醉杀。齐鲁关系因此而恶化。

（选自清光绪刻本《东周列国志》）

为啥让她到娘家？

（译自《诗经·齐风·南山》）

鲁桓公死后，事情就闹大了。怎么解决这个棘手的问题呢？齐国大夫竖曼为襄公出谋划策说：“贤者死于忠诚以消除人们的疑惑，百姓就安全了；智者深究事理而考虑长远，自身就免祸了。彭生作为公子，仅次于国君，不忠谏而阿谀逢迎以戏弄国君，使国君失了亲戚之礼；现在又为国君闯了大祸，使齐鲁两国结怨。彭生怎么能够免罪呢？祸败原因，归于彭生。君上您因怒而造祸，不顾交恶于亲戚之国，如果宽恕了昏庸恶毒的彭生，就是无耻，那将不是彭生一个人所能了事的了。鲁国若要兴兵问罪，也一定用彭生做挡箭牌。”

不出所料，鲁国果然问罪来了。但迫于齐国的强大，不得不这样要求道：“我们的国君由于敬畏您的威望，不敢耽在家里，而到贵国修好。完成了外交礼仪却没有生还，无所归罪，请用彭生来解除这个怨恨吧！”于是，齐襄公下令把彭生杀了，以此向鲁国谢罪。彭生做了替罪羊。

齐襄公的对外战争和文姜之乱破坏了齐国的对外关系。那么，齐国的内政又如何呢？

原来齐襄公是个政令无常的人，弄得臣僚们无所适从。有诗为证：

东方还没有一点光，
我颠颠倒倒穿衣裳。
颠颠倒倒地穿衣裳，
主公召唤太匆忙。

东方还没有一点亮，
我颠颠倒倒穿衣裳。
颠颠倒倒地穿衣裳，
主公命令太匆忙。

折下柳枝儿围菜圃，
吓得傻子左右顾。
分不清白昼和黑夜，

齐襄公乱政误国

齐襄公（？—公元前686年），姓姜，名诸儿。姜氏齐国第十四代国君，在位12年。襄公乱政误国，使庄、僖小霸中断，致齐国于崩溃的边缘。

（于受万画。选自《淄博名人》，山东文艺出版社2003年版）

使我不是早了就是迟暮。

（译自《诗经·齐风·东方未明》）

这首诗截取了襄公时期一个小官吏早朝的生活片断，讽刺了朝廷的起居无节与号令不时，自然也流露出了官吏们的不满情绪。

襄公为了保住自己的淫威，经常滥杀无辜，致使朝纲失常，政局混乱。

多行不义必自毙。襄公无道，在做国君的第12个年头上，祸起萧墙，襄公被弑，公子纠逃亡。

原来，齐僖公的同母弟弟夷仲年早死，留下一子名叫无知，深得僖公的怜悯和宠爱，衣、食、住、行、俸禄、器用都与众庶子有别，享受世子级待遇，世称公孙无知。对于公孙无知享受的殊荣，齐襄公早在做世子时就心怀不满，只是碍于僖公执政，却也无可奈何。好不容易等到僖公过世，襄公即位后，便马上公报私仇，废除了公孙无知的特殊地位，取消了无知的一切优厚待遇。公孙无知由此怨生于心，怒发于外，扬言不雪此耻，誓不为人！

齐国大夫连称、管至父于公元前687年被派往葵丘戍守。临行前，齐襄公说："今年瓜熟时节派你们去，明年的瓜熟时节就派人把你们替代回来。"谁知襄公贵为一国之君却言而无信，到时不仅没有派人接替他们，而且还断然拒绝了他们的多次请求。襄公的出尔反尔之举，遥遥无期的戍边生活，迫使连称、管至父走上了偏激的反叛之路。

连称有一个堂妹做齐襄公的贱妾，虽年轻却失宠，因貌美而见妒。在佳丽如云的后宫既没地位又无脸面。孤寂的生活，落寞的芳心最后化作了对襄公的无比怨恨。

面对共同的仇人襄公，公孙无知、连称、管至父与连称的堂妹自然而然地走到了一起，结成了一个小小的团体。这个小团体殊途同归，一拍即合，密谋杀襄公、立无知，事成之后立连称堂妹为夫人。

阴谋已就，行动在即，一场宫廷政变即将爆发了。

公元前686年11月一个风清气爽的日子，蓝蓝的天空飘着几朵白云，白云下边是一片苍茫的草原。没膝的野草被风轻轻吹过，发出沙沙的声响，像呢喃的燕语，似温柔的情话。蓦然间，一群麋鹿飞跑而过，犹如投进湖面一把石子，草原顿时泛起一片涟漪，旋即又复归于宁静。这就是齐国公室的猎场——贝丘。

这天，宫居太久有点烦闷的齐襄公突然想狩猎。于是，侍从们便驱马驾车，呼鹰唤犬，浩浩荡荡的队伍涌出了临淄城门，经过姑棼，来到了贝丘。

该当有事。正当襄公君臣极目搜索猎物时，只见一头野猪箭一般地迎面奔来。侍从们见状惊骇万分，失声叫道"公子彭生！""公子彭生！"他们认为，当初彭生为襄公做了替罪羊，死后冤魂不散，现在寻仇来了。襄公闻声大怒，他张弓搭箭，厉声喊道："彭生怎敢前来见我！" 箭随声发，"嗖"地射了出去。由于惊慌之中用力过猛，不想弓弦断了，无法再发第二支箭。奇怪的是，野猪似乎并不惧怕强弓硬弩，它站立起来，发出了含冤衔恨的啼叫。野猪狞厉的啼叫，把襄公惊下车来。襄公伤了脚，

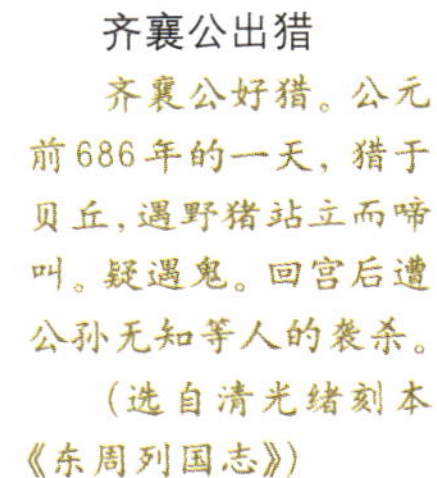

齐襄公出猎

齐襄公好猎。公元前686年的一天，猎于贝丘，遇野猪站立而啼叫。疑遇鬼。回宫后遭公孙无知等人的袭杀。（选自清光绪刻本《东周列国志》）

丢了鞋，狼狈地回宫去了。

襄公狩猎遭遇野猪的事，很快传遍了宫中。连称的妹妹迅速将这一消息传了出去。公孙无知、连称、管至父认为这是一个千载难逢的良机，于是以迅雷不及掩耳之势，集结家徒，冲进宫去，杀死了襄公。

城门失火，殃及池鱼。在这场蓄谋已久却又突如其来的宫廷政变中，公子纠自然也受到了冲击。为避难，管仲、召忽不得不簇拥着公子纠匆匆忙忙地逃离齐国，跑到鲁国去了。

在此之前，有先见之明的小白与鲍叔早已到莒国避难去了。对此，《左传·庄公八年》说：“初，襄公立，无常。鲍叔牙曰：‘君使民慢，乱将作矣。’奉公子小白出奔莒。乱作，管夷吾、召忽奉公子纠来奔。”《国语·齐语》韦昭注说：“公孙无知杀襄公自立，管夷吾、召忽奉公子纠奔鲁。”

这时的管仲在政治舞台上虽遭受了一次重大挫折，但他并未因此失去希望。

成败于瞬间

公元前686年，公孙无知杀死襄公后自立为君。然而，公孙无知也是个昏庸无道的人。他曾结怨于雍林人，而偏偏又在即位后的第二年到雍林游玩，结果被雍林人杀掉了。对此，《史记·齐太公世家》说："齐君无知游于雍林。雍林人尝有怨无知，及其往游，雍林人袭杀无知……"

连锁的宫廷政变，导致齐国出现了一时无君的局面。国不可一日无主，因而择立新君便成了当时齐国政治生活中头等重要的大事。可望登上君位的有两个最合适的人选：一为避难于鲁的公子纠，一为避难于莒的公子小白。从表面上看，齐国暂时出现了政治真空，然而实际上，一股争夺君位的潜流正在涌动。

纠的母亲是鲁国人，鲁国自然成为纠的强大外援，更有管仲、召忽的辅佐，真可谓如虎添翼，因而纠居于争夺君位的优势地位。而小白自小与高傒友善，得到了高氏、国氏两大家族的拥戴，而高、国二氏作为周天子的命卿，负有监国的重任，在齐国可谓

雍大夫计杀无知

公元前686年，公孙无知杀齐襄公后自立为君。次年，无知到雍林狩猎。雍林人素与无知有仇。借此，雍林大夫率邑人杀无知。

（选自清光绪刻本《东周列国志》）

鎏金带钩

服饰用品。西汉。通体鎏金，钩首为孔雀头，脖颈为3厘米长的半圆柱形，后面拖着长长的镂空金色凤尾，铸有非常精细的羽状纹饰。长19.7厘米，宽4.2厘米。现藏于临淄区齐国历史博物馆。

一言九鼎，加上莒国、卫国的外援和鲍叔的辅佐，因而也具备了足以与纠抗衡的力量。因此，究竟鹿死谁手，在很大程度上将取决于智谋的较量以及偶然因素所引发的戏剧性变化。

公元前685年夏天，当无知被雍林人所杀的消息刚一传开，一场发生在公子纠与小白之间，围绕着争夺君位的斗争旋即拉开了帷幕。

公室之下，齐国最有权势的两家大贵族高氏、国氏不失时机地先声夺人，提前动手了。他们暗中与公子小白取得了联系，经过周密的策划和紧锣密鼓的准备后，小白便在鲍叔等人的簇拥下，急急忙忙地踏上了由莒返齐的大道。

这时的小白真是思绪万千，百感交集。回首当年，小白也是走在这条大道上。当时的他惶惶如丧家之犬，急急似脱网之鱼，狼狈之极，思之汗颜。几年避难于莒，寄人篱下的生活终于过去了，今天，他终于踏上了回归的路途。前边，有他朝思暮想的故乡热土，有他梦寐以求的君主宝座，有他魂牵梦绕的理想和追求……公子小白的脸上露出了让人难以觉察到的微笑，然而瞬间便消失了，因为他似乎看到了刀光剑影，听到了人喊马嘶！福兮？祸兮？未卜的命运啊！迷茫的前途啊！

再说鲁国，自然不甘落后。鲁庄公听到无知被杀的消息后，赶忙在蔇地与齐大夫会盟，商讨护送公子纠回国的有关事宜。由此可知，当时齐国诸大夫中既有小白之党，亦有纠之党。与鲁庄公会盟的，自然是纠之党也。

后来鲁庄公又听说小白已从莒出发，便立即发兵护送公子纠返齐争位。

管仲毕竟智高一筹，为防止小白捷足先登，便急忙亲率一支人马前往堵截。管仲与小白在中途遭遇，遂张弓搭箭，只听“嗖”的一声，射个正着，小白倒在了车中。管仲见小白已死，火速还报公子纠。公子纠以为对手已除，放下心来，于是放慢了速度，悠哉悠哉地一路向齐都走来，竟然走了六天之久。

无巧不成书，谁知管仲一箭，射中的竟然是小白上衣的小小带钩。恰恰是这枚铜制带钩挡住了飞来之箭，救了小白一命。当时的小白急中生智，假装中箭而死。这一出色的表演巧妙地瞒过了管仲，真可谓智者千

←嵌金银丙午带钩

服饰用品。汉代，带钩长16厘米，钩面上浮雕着禽兽纹饰，钩首为一龙蛇头并弯曲成“钩状”，半张着的嘴中含有一颗翠绿色的珠子。钩尾镂一鹰鸠头，头戴长冠，肩部伸出长爪，抱着一条上下活动而不能脱落的鱼。背面有“丙午钩　口含珠　手抱鱼”九个字。现藏于临淄区齐国历史博物馆。

←嵌金银丙午带钩背面

管仲箭射小白

（泥塑。选自临淄区管仲纪念馆）

虑，必有一失了。

对于管仲箭中带钩这一传奇般的事件，明人冯梦龙写诗咏道：

鲁公欢喜莒人愁，
谁道区区中带钩。
但看一时权变处，
使知有智合诸侯。

（王毅编：《古代咏齐诗赋辑览》）

待管仲离去，小白藏于车中，快马加鞭，直奔齐都临淄。在高傒等卿大夫的支持下，小白顺利地先入齐都，被立为国君，是为齐桓公。

桓公即位后，第一件事就是迅速集结军事力量、严阵以待，做好充分的拒鲁准备。这样，公子纠在争夺君位的过程中遭到了第一次，也是决定性的一次失败。

同年秋天，鲁国又出动大军，第二次以武力护送公子纠回齐夺位。齐国出兵迎战。两军战于干时。“时”指时水，今称乌河，一曰彨水，又曰如水，因水色黑，又曰黑水。时水出自临淄西南矮槐树铺，流经桓台、博兴，与小清河汇合后注入渤海。时水是一条季节河，旱季，河流干涸，故其地名曰干时。这年齐鲁大旱，河水断流，故而干时成了齐鲁两军的大战场。

只见战场上两军对垒，旌旗蔽日，战车如云，戈矛林立。三通鼓响，一场血肉横飞的大厮杀开始了。由于齐军士气高昂，又占有天时地利，所以开战不久，就把鲁军杀得大败而归。

兵不厌诈，溃败的鲁军又在逃归的路上遭到齐兵的伏击。结果，作为鲁军统帅的鲁庄公丢了自己的车子，差点做了俘虏。这时，鲁大夫秦子、梁子打起庄公的旗号转向小道以诱骗齐军，方使鲁庄公改乘一驾轻便的战车逃回鲁国。干时之战，使公子纠在与小白争夺君位的过程中遭到了第二次失败。

干时大战

齐桓公元年（公元前685年），齐鲁两国战于干时，鲁师败。战后，齐逼鲁杀公子纠，召忽殉纠，管仲请囚。

（选自清光绪刻本《东周列国志》）

另一种说法是：齐襄公即位第二年，驱逐小白，小白逃奔莒国。襄公在位十二年后，公子纠即位。国人阴召小白回国，小白犹豫不决。他以为，公子纠文有管仲，武有召忽，虽国人召唤，亦无可奈何。鲍叔

力谏，说：“如果管仲的智谋得以发挥，齐国为什么还会乱呢？召忽虽然勇武，哪能单独对付我们呢？”小白还是不放心，说：“管仲虽然不得行其智，但毕竟不是没有智；召忽虽然不得国人支持，他的党羽还是可以图害我们的。”鲍叔又谏道：“国家一乱，智者无法搞好内政，朋友无法搞好团结，国家是可以夺到手的。”于是命令车驾出发，鲍叔亲自赶车，小白乘坐，离开莒国。行至中途，小白又变卦了，欲下车而还，却被鲍叔用靴子挡住脚说：“事如成功，就在此时；事如不成，就由我牺牲生命，你还是可以逃生的。”于是继续前进。到了城郊，鲍叔命令二十辆车在前，十辆车在后。鲍叔对小白说：“他们怀疑我们这些从人，但并不认识我。如果事情不成，我便在前面阻塞道路。”接着鲍叔对众人宣誓说：“事情有成，都听我的命令；事情如果不成，能使公子免祸者为上，死者为下。我用五辆兵车的车徒器械拦路。”于是鲍叔充当前驱，进入齐国 ，驱逐了公子纠。管仲箭射小白，仅中带钩。管仲与公子纠、召忽就逃往鲁国去了。齐桓公即位后，鲁国曾攻伐齐国，想再立公子纠为齐君，到底也没有成功。

不管后人有多少说法，在争夺齐国君位的过程中，公子纠失败了，随他倒霉的还有管仲和召忽。

正是福无双至，祸不单行。管仲又一次陷入炼狱之中。

隐忍请囚

干时之战结束了，政治斗争并没有结束。围绕着公子纠、管仲和召忽三人的命运与前途，齐鲁两国又开始了新一轮或明或暗的较量。

鲁国有一个名叫施伯的大夫，是个聪明绝顶的人物。他清楚地知道管仲是一个旷世奇才，由于机遇不好，才落到今天这种地步。他认为管仲可用、可杀、而不可留，更不能放虎归山。因而他对战败归来的鲁庄公说：“管仲是个有大智慧大谋略的人，只是事业未成，目前暂时困在鲁国。您应该把鲁国大政委托给他。他若接受，一定可以强鲁弱齐；若不接受，就赶快杀掉他。杀掉他既可以免留后患，又可以讨好齐国，表示愿与齐国结盟。”

施伯的计谋得到了鲁庄公的赞同，可惜还没来得及实施，齐国使者就到了鲁国。齐人的行动如此之快，真是出乎鲁国人的意料之外。

齐国使者带来了齐桓公的口信说：“子纠是我的兄弟，我不忍心亲手杀他，请鲁君代我把他杀掉吧！召忽和管仲是我的仇人，我要亲手把他们剁成肉酱才感到快意。不然，就要围攻鲁都。”

在齐国的武力威胁下，鲁庄公犹豫再三，最后还是狠着心，含着泪把公子纠杀掉了。当鲁君要把管仲和召忽交给齐使时，却遭到了施伯的劝阻。他对庄公说：“不要交人。齐国不是要杀他们，而是要用他们为政。齐国得到管仲，将来必是鲁国的大患，你为什么不把他们杀掉还之尸体呢？”施伯的一席话再次引发了庄公杀管仲与召忽的念头。齐使不同意这样做，理直气壮地说：“管仲和召忽是我国的叛贼，我们国君想要活着得到他们，然后在齐国处死，目的是教育群臣。若是得不到活的，就等于你和我们国君的叛贼站在一起了，这不是我们国君所希望看到的事情。使臣万难从命！”

这时的鲁庄公处于两难境地了，他把渴求的目光转向施伯。

原来施伯是一个聪敏却又怕事的人。聪敏使他多虑，怕事使他在关键时刻不能坚持原则，鼓不起勇气。施伯考虑了一会儿说：“既然如此，您还是交给他们吧！我听说：齐君性子急躁而又极为骄傲，虽得贤才，也未必能用。况且管仲、召忽是鲍叔的好朋友，若把他们杀了，鲍叔借此与鲁国作对，您一定受不了，还不如交给齐国的好！”

真是成也萧何，败也萧何！

少昊陵

少昊为著名的东夷首领。陵在曲阜城东。（选自《图说孔子，山东友谊出版社2006年版》

泰山十八盘

春秋时期，齐、鲁两国大致以泰山为界标。泰山之南为鲁国，泰山之北为齐国。

鲁庄公认为施伯的话不无道理，其实即使没有道理，他又能作何选择呢！事已至此，便命令手下的人把管仲、召忽捆绑起来，关进囚车里，交给齐使，押送回齐国。

囚车穿过一片片田野，越过一条条河流，翻过一座座山峦，终于走进了齐国的境地。

囚车停了下来，齐国的兵士们急忙打开囚车，双手扶下管仲和召忽，随即解开了他们身上的绳索。

“您害怕吗？”管仲问道。

召忽神情自若，坦然地回答道：“怕什么呢？我之所以不早死，是因为等待着国家安定的那一天。现在国家大局已定，如果让您做齐国的左相，也一定会让我出任右相的。然而，杀死我辅佐的公子纠却重用我，是再一次地侮辱我，我是不会答应的。您做生臣，我做死臣好了。我召忽既已明知将要得到万乘大国的政权而自杀殉主，公子纠可以说有死事的忠臣了。您活着治理齐国称霸诸侯，公子纠可以说有能建功立业的生臣了。死了的完成了德行，活着的完成了功名，德行与功名是不能兼顾的。您努力吧！死与生在我们两人是各尽其分，各得其所了。”语毕自刎而死。

在这生离死别、痛断肝肠的时刻，管仲没有劝阻患难与共的知心好友的选择，他凝望苍天，默默无语，灼热的眼眶中噙满了晶莹的泪花。

到此为止，在当时齐国政坛上角逐的三个主要人物都有了自己的结局：公子纠死了，召忽也死了，管仲沦为了阶下囚徒。

公子纠的死是其命运的必然结局，因为他是小白的政敌。古语云：

天无二日，国无二主。小白既已登位，岂能留他在榻前酣睡！

召忽的死是他人生价值观和性格的必然结局，因为早在出山辅佐公子纠时，便下定了对纠忠心不二，一旦遇难，便以死相报的决心。他曾经说过："百年以后，国君僖公下世，如有违犯君命废弃我之所立，争夺纠的君位，就是得了天下，我也不愿活着。"召忽是守信的，他以死兑现了自己的诺言。

管仲请囚是其人生价值观和爱国情操作用的必然结局。他认为："夷吾作为人君的臣子，是受君命奉国家以主持宗庙的，怎么能为纠个人而牺牲？夷吾为之牺牲的是：国家破、宗庙灭、祭祀绝，只有这样，夷吾才去死。不是这三件事，夷吾就要活下来。夷吾活着对齐国有利，死了对齐国不利。"由此可见：管仲已经摆脱了身系一人的愚忠桎梏，把眼光放得更远，把胸怀展得更宽，立足点提得更高，从而体现了一种伟大的爱国精神！

对管仲隐忍请囚一事，梁启超在《管子评传》中给予了高度评价。他

齐长城局部

齐长城是中国现存最早的长城，比秦长城要早400余年。齐长城大约起源于齐桓公时期的"巨防"和"关隘"。战国时期最后完成。齐长城西起今山东省济南市长清县西南孝里镇广里村北，向东沿泰沂山脉，直达黄海，全长一千余里，史称千里齐长城。春秋时期，齐鲁两国大致以齐长城为界，长城以南为鲁国，长城以北为齐国。

管仲释囚纪念亭
位于临淄区管仲纪念馆。

说："世俗论者，往往以忠君爱国二事，相提并论，非知本之言也。夫君与国，截然本为二物。君而为爱国之君也，则吾固当推爱国之爱以爱之。而不然者，二者不可得兼，先国而后君焉。此天地之大德，百世俟圣人而不惑者也。泰西之英雄，殆莫不知其义。若我中国之英雄，其知之极明，而行之极断者，其惟管子乎！……管子非好为不忠于纠也。彼其审之极熟，知以纠与齐国较，纠极小而国极大；纠极轻而国极重也。管子者，齐国之公人，非公子纠之私人也。孔子曰：'岂若匹夫匹妇之为谅也。自经于沟渎，而莫之知也。'经大圣之论定，而后世有疑于管子此举者，可以冰释矣。"观其言，梁任公真乃管夷吾后世之知音也。

正如梁启超所言，管仲抱一腔炽热的爱国情怀，隐忍请囚，毅然踏上了返齐之路。然而，他的前途依然扑朔迷离。

鲍叔牙荐贤

经过干时之战，齐桓公虽然保住了君位，然而瞬间的欢愉过后，旋即愁上心头。面对襄公、无知留下的一片残山剩水，他备感百业待兴，任重而道远。

俗话说：单丝不线，孤掌难鸣。历史上有哪一位成就大事业的君主没有得到英雄豪杰的鼎助呢？齐桓公缅怀辅汤的伊尹，佐周的姜子牙，渴求着自己的良相。

齐桓公把希望寄托在鲍叔牙身上，打算让他出任宰相，不料却被婉言拒绝了。鲍叔牙对桓公说："我是您的庸臣。国君要加惠于我，使我不至于挨饿受冻，就算恩赐了。如果一定要治理国家，恐怕不是我能胜任的工作。"

鲍叔牙真的像自己说的那样功不该立、德不当位、才不胜任吗？事实绝非如此。

鲍叔牙，世称鲍叔，姒姓，鲍敬叔之子。生卒年不详，或许少长于管仲，亦卒于仲前。鲍叔与管仲同乡同里，自幼要好。年轻时，二人合伙经商，患难与共。齐僖公晚年，鲍叔、管仲与召忽一起步入政坛，分别辅佐公子小白和公子纠。齐襄公即位不久，鲍叔便奉小白奔莒。可见鲍叔很有先见之明。在公子纠与小白争夺齐国君位的斗争中，鲍叔与管仲、召忽各为其主。鲍叔身先士卒，护送小白入齐即位。可见鲍叔智勇双全。鲍叔的赫赫定位之功更是无与伦比。当时鲁国的施伯曾赞叹道："鲍叔牙辅佐小白，先入齐而得国，管仲与召忽奉公子纠后入，鲍叔与鲁国一战，能使鲁军败退，功劳真是太大了！"由

释槛囚鲍叔牙荐管仲

（选自清光绪刻本《东周列国志》）

管鲍祠

位于安徽省颍上县北郊。初名管子祠。明万历六年（1578年）重建，增祀鲍叔牙，易今名。1986年7月，安徽省人民政府公布为省级重点文物保护单位。

此可见，智勇双全并有显赫功劳的鲍叔，是非常合适的宰相人选。

然而，鲍叔牙却能拥功不恃，居位不贪。他认为自己与高傒联手固然能够勉强治理齐国，却不能使齐国称霸天下；他认为自己虽然有德性，然而道德是永无止境的；他认为自己虽然有功，然而功劳时时增益于君才好。他为自己不能增益于君而苦恼，他又为世有增益于君之人而欣慰。这个增益于君之人就是管仲！想到管仲，鲍叔的眼睛为之一亮。他决心拱手让贤，恳请桓公拜管仲为相！

任用管仲，在当时既非一件小事，更非一件易事，因为横亘在桓公与管仲之间的有三大障碍：其一，管仲虽为姬姓，然而家道中落，早已丧失了贵族身份，他本人不过是一个低于平民身份的商贾。在世卿世禄的贵族政治时代，管仲低贱的出身制约了他的仕途。这是来自制度方面的障碍。其二，桓公姜姓，管仲姬姓。从大处看，姬姜固然有姻亲关系，然而具体到桓、管个人而言却无任何亲戚关系。在“非我族类，其心必异”观念占统治地位的古代社会，任用异姓的管仲实为不可思议的事情。这是来自传统心理方面的障碍。其三，管仲作为公子纠的辅佐，助纠与之争夺君位，是为桓公的政敌；又曾一箭射中桓公的带钩，差点要了他的性命，是为桓公的仇敌。对身兼政敌加仇敌的管仲，非碎尸万段不足以解其恨，怎谈得上任为宰相呢？这是桓、管间的怨仇障碍。

然而，如同宇宙万物皆非绝对一样，当时任用管仲倒也有许多有利因素。其一，姜子牙建立齐国之初，便制定了尊贤智、尚有功的政策，从而在齐国形成了一个优良的贤人政治传统，这无疑是对世卿世禄制度的一次大胆革命。其二，齐桓公想做中兴之主，称霸诸侯，非启用贤士豪杰不可。对此，鲁国智谋之士施伯看得很清楚，他说："管仲天下之大圣也，今彼返齐，天下皆乡之。"（《管子·大匡》）鲍叔说得更明白："君且欲霸王，非管夷吾不可。夷吾所居国国重，不可失也。"（《史记·齐太公世家》）其三，鲍叔的力荐。鲍叔既是齐桓公的心腹重臣，又是管仲的知己好友，有这样一个特殊身份的人物从中斡旋，办事成功的几率会大得多。其四，桓公其人，性子虽急，但有远虑。这种性格对改变管仲的命运往往会起到戏剧性的作用。其五，管仲有才，而且是旷世奇才。这是最重要的因素。

是啊，对于管仲的曲折经历和超凡才智，天下没有第二个人比鲍叔更清楚的了。

管仲是一个学无门户之见，师无常师，手不释卷，过目成诵，因而具有渊博学识的人。管仲是一个饱经风霜，走南闯北，士农工商无所不知，三教九流无所不晓，因而积累了丰富社会经验的人。管仲是一个有远大理想，宏伟抱负，不羞小节而耻功名不立的人。管仲是一个哀民生之多艰，恤社

管鲍塑像
位于颍上县管鲍祠内。

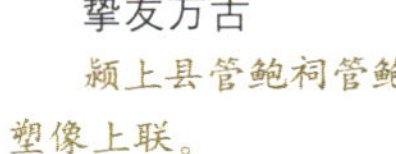

挚友万古

颍上县管鲍祠管鲍塑像上联。

稷之多难，抱定死国不死君的人。管仲是一个屡遇困顿而不丧志，频遭失败而不气馁的人。管仲是一个若遇良时明君而定能呼风唤雨，驰骋天下的人。对此，鲁国的施伯说道："管仲是天下的贤人，是大材。楚国用他则楚国得志于天下，晋国用他则晋国得志于天下，狄国用他则狄国得志于天下。"施伯之言绝非夸张之辞。

自古英雄多磨难，管仲磨难尤其多。现在，管仲又一次受到了挫折，除鲍叔能救其难外，天下还有谁人呢！对此，施伯亦认为，鲍叔一定要帮助管仲而烦其国君下顾，以显其定齐之功。人们也一定称他为有德。如果说，为国死事之功，是非常明显的，那么，荣显管仲这个活人的功劳，将会更大。

富贵知操守，危难见真情。为了齐国的富强，为了朋友的友谊，鲍叔对桓公真诚地说："我荣幸地能够随从您，您终于登上了国君之位。现在您已很尊贵了，我无法再提高您的地位。您要治理齐国，那么高傒和我就够了。您如果想称霸天下，非管夷吾不可。夷吾在哪个国家，哪个国家就有威望，不可失去啊！"这是他心声的自然流露。

鲍叔为了向桓公推荐管仲，又从五个方面加以比较，认为自己的才能不如管仲。他说："我有五个方面不如管夷吾：宽惠爱民，我不如他；治国不失权柄，我不如他；忠信以交好诸侯，我不如他；制定礼仪以示范于四方，我不如他；披甲击鼓，立于军门，使士卒勇气倍增，我不如他。管仲好比人民的父母，将欲治理儿子，就不可不用他们的父母。”这并不是鲍叔的自我贬抑之词，实乃肺腑之言。

鲍叔荐管仲的故事羡煞了千年后的一个大诗人，他的名字叫李白。李白不仅是一个伟大的浪漫主义诗人，而且还是一个胸怀天下、终生追求建功立业治国平天下的人物。“仰天大笑出门去，吾辈岂是蓬蒿人”，正是他的立世宣言。李白想参与政治，苦于没有像鲍叔牙那样的朋友推荐自己。因而他满含羡慕之情写诗道：

我亦草间人，
颇怀拯物情。
晚途值子玉，
华发同衰荣。
托意在经济，
结交为弟兄。
无令管与鲍，
千载独知名。

鲍山
位于山东省济南市。

（王毅编：《古代咏齐诗赋辑览》）

管仲治国平天下的才能是毋庸置疑的了，然而桓公还有解不开的情感疙瘩，那就是一箭之仇。他说：“管夷吾亲自射我，并射中了带钩，几乎要了我的命，现在竟要启用他，可以吗？”鲍叔说：“他也是为了自己的君主这样做的。您只要赦罪让他回国，他将同样为您效力。”桓公的顾虑消除了，忙问鲍叔道：“那么应该怎么办呢？”鲍叔说：“您可以派人到鲁国去要回他。”桓公说：“施伯是鲁国的谋臣。他知道我将起用管仲，一定不会放他回来。”鲍叔说：“您教使者这样说：‘齐君有一个不忠之臣在贵国，需要引渡回来在群臣面前处死！’鲁国的国君必然能应允。不过施伯知道管仲的才干，一定设法让他在鲁国执政。夷吾如果接受，鲁国就能削弱齐国。倘若夷吾不肯接受，鲁国估计管仲要回齐，便会把他杀掉。”齐桓公说：“那么，管仲会接受鲁国政务吗？”鲍叔回答：“管仲不为公子纠死，就是为安定齐国，若接受鲁国政务，就是削弱齐国了。管仲对齐，没有二心，虽明知要死，也肯定不会接受的。” 齐桓公说：“他

对于我也肯这样么？”鲍叔回答说：“不是为了您，而是为了齐国。他对您当然不如对公子纠更亲，对公子纠他都不肯死难，何况您呢？您若想安定齐国，就赶快把他接回来。”齐桓公说：“恐怕时间来不及了，怎么办？”鲍叔说：“施伯的为人，聪明而怕事，您若及早去要人，他害怕得罪齐国，一定不会杀他的。”桓公说：“好！”便立即派使臣使鲁，又派大军往援。在强大武力的威慑下，使臣经过激烈的舌枪唇剑，鲁国才无可奈何地把管仲囚禁起来，交给了齐国使者。

管仲后来之所以能够成就不朽之功业，显然得力于鲍叔的推荐。对此，贾谊《新书·胎教》中说：“管仲，桓公之仇也，鲍叔以为贤，於桓公七十言，说乃听。”《说苑·尊贤》也说：“管仲，桓公之贼也，鲍叔以为贤于己而进之为相，七十言而说乃听，遂使桓公除报仇之心，而委之国政焉。桓公垂拱无事，而朝诸侯，鲍叔之力也。管仲之所以能北走桓公，无自危之心者，同声于鲍叔也。”鲍叔真可谓管仲之恩人，亦桓公之恩人也。

《韩诗外传》卷七载子贡问贤臣，孔子说：“齐有鲍叔，郑有子皮。”子贡又问：“然则荐贤，贤于贤？”孔子又说：“知贤，智也；推贤，仁也；引贤，义也。有此三者，又何加焉？”《说苑·臣术》也载子贡问贤臣，孔子说：“往者，齐有鲍叔，郑有子皮，贤者也。”子贡又问：“然则齐无管仲，郑无子产乎？”孔子批评子贡只知其一，不知其二，且以“进贤为贤”为标准，评价道：“吾闻鲍叔之进管仲也，闻子皮之进子产也。未闻管仲、子产有所进也。”孔子之推许鲍叔也如此。司马迁亦说：“天下不多管仲之贤而多鲍叔能知人也。”（《史记·管晏列传》）“多”，古为赞美之意。

鲍叔牙之所以力荐管仲为相，对他信赖有加，是因为二人自小相交相知。对此，《韩诗外传》说：“昔鲍叔有疾，管仲为之不食、不纳浆。宁戚患之，管仲曰：‘生我者父母，知我者鲍子。士为知己者死，马为知

鲍叔牙墓

位于济南市鲍山东北隅。

管鲍之交厅
位于临淄区管仲纪念馆。

己者良。鲍子死，天下莫吾知，安用水浆？虽为之死，亦何伤哉！'"《说苑·复恩》也说："鲍叔死，管仲举上衽而哭之，泣下如雨。从者曰：'非君父子也，此亦有说乎？'管仲曰：'非夫子所知也。吾尝与鲍子负贩于南阳，吾三辱于市，鲍子不以我为怯，知我之欲有所明也。鲍子尝与我有所说王者，而三不见听，鲍子不以我为不肖，知我之不遇明君也。鲍子尝与我临财分货，吾自取多者三，鲍子不以我为贪，知我之不足于财也。生我者父母，知我者鲍子也。士为知己者死，而况为之哀乎？'"

《史记·管晏列传》也记述了与上述大致相同的内容。管仲说："当我穷困的时候，曾经和鲍叔牙合伙做生意，每当分钱之时，自己总是多取一些，鲍叔牙并不认为我贪图便宜，因为他知道我很穷。我曾经替鲍叔牙谋事，反而使他更加困窘，鲍叔牙并不认为我愚笨无能，因为他知道时机有利与不利。我曾经三次做官，三次被君主罢斥，鲍叔牙并不认为我没有才能，因为他知道我时运不济。我曾经三次带兵打仗，三次战败逃跑，鲍叔牙并不认为我胆怯，因为他知道我家中有年迈的母亲。公子纠与小白争夺君位而失败，召忽自杀，我忍辱被囚，鲍叔牙并不认为我无耻，因为他知道我不羞小节，而以功名不显扬于天下为耻辱。生养我的人是父母，了解我的人却是鲍叔牙先生啊！”

管鲍之交与至情，只有“高山流水”“伯牙断琴”堪与之媲美，令古今之人羡慕不已。

从囚徒到宰相

山重水复疑无路，柳暗花明又一村。

在鲍叔的极力推荐下，豁达大度的齐桓公毅然做出了堪称千古绝唱的决断：弃一箭之私仇，拔管仲于槛囚。从囚徒到宰相，这一戏剧性的变化彻底改变了管仲的命运，也改变了齐国乃至整个中国的命运。

齐桓公派鲍叔亲自到齐国的边鄙小邑堂阜迎接管仲。古堂阜在今天临沂市蒙阴县的西北处。《史记·集解》引杜预的话说：“堂阜，齐地。东莞蒙阴县西北有夷吾亭，或曰鲍叔解夷吾缚於此，用以为名也。”

在堂阜，鲍叔为管仲举行了祓除之礼。管仲沐浴了三次，又用香料把身体涂抹了三遍。清清的泉水洗去了管仲的困顿，洗去了管仲的苦难，洗去了管仲的耻辱。洗礼后的管仲像换了一个人似的。他英姿勃发，浑身透出一种男子汉大丈夫的阳刚之气。

管仲抬头看看天，天空那么高远；低头望望地，大地那么深厚。他亮开大大的嗓门喊道：“我回来了！”河也传音，山也回响。

对于管仲的这一戏剧性变化，明朝人毛维驺写诗赞道：

幸脱当年车槛灾，
一匡霸业为齐开。
可怜三尺牛山土，
千古常埋天下才。

（王毅编：《古代咏齐诗赋辑览》）

俗话说：“人逢喜事精神爽。”重新获得新生和自由的管仲与鲍叔坐在车上高谈阔论。一路马蹄飞来，不知不觉中早到了齐都临淄郊外。

齐桓公与众多卿大夫已在郊外等候多时了。

管仲看到齐桓公后，慌忙跳下车来，走上前去。他垂下帽缨，掩着

桓、管问对

管仲释囚后，齐桓公迎之于临淄城郊，礼之于姜氏太庙，问政于管仲。管仲对以富国强兵、平治天下之策。桓、管问对与刘备、诸葛亮的隆中对构成中国历史上的双璧。（泥塑。选自临淄区管仲纪念馆）

衣襟，叫人拿着斧子立在背后。齐桓公见状，三次下令让执斧人走开，说道："既已垂下帽缨，拉下衣襟了，我将立即接见您。"管仲叩头再拜说："承受您的恩赐，就是死在黄泉，也不朽了。"齐桓公双手扶起管仲，同乘一辆车回到了临淄。

齐桓公是一个思贤若渴并且性急的人，回城后顾不上休息便在庙堂里接见管仲，并设宴招待。

三酌以后，齐桓公急忙向管仲请教为政之道。他说："从前我们的先君襄公，筑高台，修广池，耽乐宴饮，喜好游猎，荒于国政。不知尊贤重士，只知宠爱女色，九妃六嫔，陈妾数千之多。她们食必粱肉，衣必文绣，而战士们却挨饿受冻。战马的补充等待宫车淘汰的老马，战士的给养等待侍妾食用的剩余。歌舞、杂耍者处处在前，而贤大夫却事事在后。所以国家不能日新月异地发展。我真怕宗庙无人打扫，社稷无人祭祀啊！请问我该怎么办呢？"

看着齐桓公那渴求的目光，管仲心中非常高兴，回答道："从前，我

们的先王周昭王和周穆王效法文王、武王的做法，以成就其功名。我们也要像他们那样做，集合年高有德的老人，让他们做顾问。考察人民中表现突出的，树立典型，让人们学有榜样。准备好有格式的表券，让人们原原本本地填写，便于我们掌握全面的情况。然后用赏赐劝勉好人，用刑罚纠正坏人，有的剪掉头发，有的用赏赐安抚，治理人民始终如一。"

齐桓公说："然后怎么办呢？"

管仲回答说："从前的圣上治理人民，国分为三，鄙划为五，以安定人民居处，安排人民职业，用此为治民体制。还要严格控制和运用'六柄'，这样民心就可以掌握，百姓就可以统治了。"这一次他们谈了很久，谈了很多。

听了管仲的一席话，齐桓公茅塞顿开。他由此看到了齐国的光明，齐国的希望，看到了一个富裕而强大的齐国将要出现在天下的东方。

通过这次堪与刘备、诸葛亮隆中对策媲美的庙堂问对，桓公对管仲的一切疑虑骤然冰释，顿时生发出无比的钦佩之情。为了尽快使齐国走出荆山棘海，齐桓公决定放弃个人的恩怨，把齐国的政鞭交给这个曾经箭射自己的人。于是齐桓公斋戒十日，将拜管仲为相。不料管仲却婉辞说："我是一个有大罪的人，幸得免死，使腰颈相连，就算我的福气了。管理国家政事，恐怕不是我所能担任的。" 齐桓公非常坦诚地说："您如

齐桓公拜相

桓、管问对后，齐桓公对管仲油然而生敬意，遂毅然弃一箭之私仇，拜管仲为宰相。（泥塑。选自临淄区管仲纪念馆）

果接受国家政事，我就能胜任齐国之君；您如果不接受，我恐怕就要垮台了。”管仲没有再推辞，毅然接受了相位。

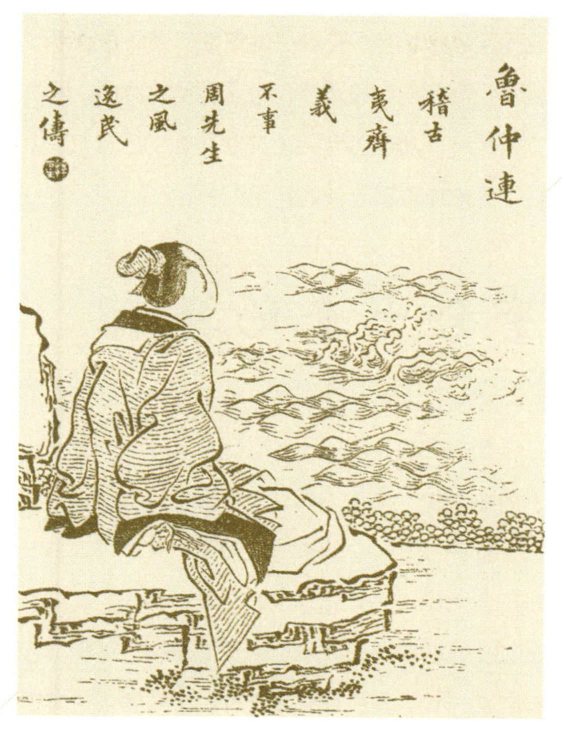

鲁仲连

又称鲁连，战国时齐人，稷下学者。生卒年不详。他思维敏捷，擅长思辨，深明大义不帝秦，不为名利侮士风。晚年隐居于少海（今淄博市桓台县马踏湖）。鲁仲连给予管仲崇高的评价。

（选自清光绪刻本《东周列国志》）

齐桓公不记私仇，唯才是用，使管仲由槛囚一跃而成为齐相，已成为千古美谈。《韩诗外传》卷七载孔子对子路说：“管夷吾缚自槛车，以为仲父，则遇齐桓公也。”《说苑·杂言》也有类似的说法。唐人卢照邻《幽忧子·五悲·悲才难》说：“若夫管仲不遇齐桓，则成阳之赘婿。”由此可见，齐桓公重用管仲已成为历代贤人才士所钦羡的贤才遇明主的范例。

而就管仲含羞忍辱、终至相位一事，战国时代的齐国高士鲁仲连这样认为：“拘守小节的人不能成就大功名，耻受小辱的人不能建立大事业。从前，管夷吾一箭射中齐桓公的衣带钩，这是犯上的行为；丢下公子纠不能为他殉死，这是怕死的表现；身受捆绑，被带上脚镣手铐，这是受尽耻辱的处境。具有这三种情况的人，当世君主不以他为臣，亲戚朋友羞与他来往。当时，假使管仲一直坐牢而不出狱，身死于鲁而不返回齐国，结果不免落个人品污辱，行为卑贱的臭名罢了。就是奴婢们也不愿与他为伍，更何况一般人呢！因此，管仲不以身遭囚禁为耻，而以不能使天下太平为耻；不以不为公子纠殉死为耻，而以不能在诸侯之间显扬威名为耻。因此，他虽然兼有犯上、怕死、受辱三重过失，却终于辅佐齐桓公成为五霸之首，名扬天下，光照邻国。仁人志士，并不是不知道顾全小的名节，讲求小的操守，只是认为一死之后，身亡名灭，功

业无从建立，这不是聪明的做法。因而，放弃一时的愤怒，成就终生的威名；摒弃一时的怨恨，建立累世的功业。因而，他们的威名堪与三王竞相流传，功业可与天地并存久远了。”（《史记·鲁仲连邹阳列传》）

鲁仲连可谓管仲的知己！

磨合出来的真诚

任相之初，管仲与齐桓公表演的“二人传”，并非尽是和谐之音，而是矛盾频生、摩擦不断。

管仲与齐桓公的第一次冲突引发于二人目标定位的不同。齐桓公追求的是治国，而管仲追求的则是平治天下。追求目标的一小一大，一近一远，可以看到二人理想抱负的差别。对此，《管子·大匡》说，齐桓公元年的一天，齐桓公召见管仲。管仲到后，齐桓公询问怎样才能安定国家的问题。管仲答道：“您如果建立霸业，国家就能长治久安；如果不建立霸业，国家就不能安定，即使安定了也是暂时的。” 齐桓公说：“我哪敢有那么大的雄心啊，只求国家安定就行了。”管仲再请，齐桓公仍然推辞。这时，管仲站了起来，告辞道：“君主免我于死地，是我的幸运。然而我之所以不为公子纠殉死，是为了建立霸业，使齐国真正长久地安定下来。如果国家得不到长久的安定，要我掌管齐国的政事而不死节于公子纠，我是不敢接受的。”管仲说完拂袖而去，出了宫门。齐桓公见管仲挂印而去，方知大事不妙，急忙请回管仲，汗流满面地说：“您一定要坚持的话，那就尽力图霸吧。”面对齐桓公的让步，管仲也很受感动，跪拜之后说：“既然您同意建立霸业，我就可以秉承君命而立于相位了。” 在那个王权式微、列国纷争的时代，只求保全自己、小安即福的做法无异于饮鸩止渴，到头来难免做强食之肉；只有积极进取、平治天下才能长治久安。关于这个问题，不能不说管仲深谋远虑，智高一筹。

正如前边所说的那样，齐桓公是一个急性子的人，当他一旦接受了管仲图谋霸业的建议后，便立即行动起来，并希望一朝成功。管仲深明欲速则不达的道理，因而主张先治国、后图霸。这样，在如何实现霸业的问题上，管仲与齐桓公不可避免地再次发生了冲突。对此，《管子·大匡》写道，齐桓公采纳管仲创立霸业建议后没有几天，就与管仲商议道：“我想乘诸侯间没有战事的机会，赶快加强军备。”管仲说：“不行。现在齐国的百姓生活很困难，首先应该做的是亲爱百姓、放慢军备。与其厚于军队不如厚于人民。国家还没有安定下来，您不把人民生活放在首位而先扩充军备，那就将对外不和于诸侯，对内不亲于百姓，齐国就很危险了。” 齐桓公颇为勉强地说：“好吧。”可是，到了第二年，齐桓公变卦了，又要重整军备。管仲又说不行，然而齐桓公不听劝谏，固执己见，亲自动手大搞军备建设了。

齐桓公

姜氏齐国第十六代君主。春秋第一霸主。

说来也巧，有这么一天，齐桓公与宋氏夫人在游船上饮酒，宋夫人故意摇荡船只，想逗齐桓公一乐，谁想好心办了坏事，惊吓了齐桓公。齐桓公发怒，休了宋夫人，并赶回了宋国。宋夫人感到委屈，宋国君主也认为受了屈辱，对齐桓公的做法大为恼火，一气之下，把宋夫人转嫁给蔡侯。

第二年，齐桓公生气地对管仲说：“我要伐宋！”管仲说：“不行。我认为，内政不修，对外用兵是不会成功的。” 齐桓公不听，决然起兵伐宋。齐桓公出师无名，各诸侯国都兴兵救宋，结果齐军大败而归。

恼羞成怒的齐桓公回来后对管仲说：“我的战士没有训练，兵力又不充实，所以各国诸侯才敢救我们的敌国。你必须给我加强军备！”管仲说：“不行，这样的话齐国就危险了。国内夺取民用，鼓励兵士打仗，这是乱国的根源；国外侵犯诸侯，与各国人民结怨，这是不仁的行为；仁义之士，谁还敢到齐国来呀？义士不来，齐国哪有不危险的呢！”鲍叔

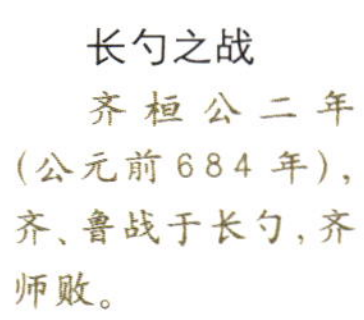

长勺之战

齐桓公二年（公元前684年），齐、鲁战于长勺，齐师败。

（选自清光绪刻本《东周列国志》）

也说：“您一定要采纳管仲的意见。”刚愎自用的齐桓公听不进任何不同的意见，一意孤行，命令全国封地之内加强军备。他增加了关税和市场税，用来做战士的禄赏。鲍叔着急地问管仲道：“从前，君主曾经同意您兴举霸业，现在国家却乱套了，您将怎么办呢？”管仲说：“我们的国君性子急，因而目前的一些做法以后肯定多有悔改，还是等他自己觉悟吧。”鲍叔说：“等他自己觉悟，国家不就受损失了吗？”管仲说：“不会。国家政事，我还在暗中办理着，混乱一些还有时间挽救。各诸侯国的大臣既然没有赶得上我们二人能力的，就无人敢来冒险侵犯我国。”

不久，齐国朝廷内部也乱了，为了争夺禄位，大臣们互相残杀，折颈断头的事情不断发生。鲍叔心急如焚，找到管仲说：“朝廷中死了那么多人，怎么办呢？”管仲说：“死了的那些人都是贪婪之徒，不足挂齿。我所忧虑的是天下义士不肯入齐，齐国的义士不肯出来做官。这才是我真正的忧患所在啊！像那些死者，我何必加以爱惜呢？”

齐桓公并没有从伐宋失败和宫廷混乱中吸取教训，而是继续加强军备。即位后的第三年，他认为军力已经强大，决定征伐鲁国。管仲谏道：

“不可以伐鲁。我听说有土之君，不勤于战争，不嫉恨小辱，不重复过错，国家就能安定；勤于战争，忌恨小辱，重复过错，国家就要危险了。”齐桓公不听，兴兵伐鲁，战于长勺，结果齐军再次大败。

如同伐宋失败后一样，齐桓公仍然认为伐鲁失败的原因还是军力不足，因而仍然继续加强军备，以至于养兵十万人，拥车五千乘。这时候，志得意满的齐桓公又要征伐鲁国了，他对管仲说：“我的战士已经受到良好的训练，军力已经得到增强，我要征服鲁国了。”管仲深深地叹息道：“齐国危险了，因为您不努力于德政而努力于甲兵。天下诸侯国中拥兵十万的不少，我们要发动小的兵力去征服大的兵力，国内脱离民众，国外诸侯戒备，我们自己也只好行诈，国家想不危险能做得到吗？”齐桓公不听，执意伐鲁。鲁国不敢迎战，在离国都五十里处设关防守，并请求以关内侯的位次服从齐国。齐桓公答应了。鲁国约请盟会说：“鲁是小国，当然不带兵器，若带兵器会盟，就是以战争状态传闻各诸侯国了。因而这次会盟，齐鲁两国都不要带兵器才好。”齐桓公说：“好。”管仲说：“不行。各诸侯国对您都很嫉恨，您还是就此告退为好。您真的借会盟削弱了鲁国，各诸侯国都会把‘贪’字加在您的头上，这样的话，小国会更

长勺之战遗址

位于今山东省莱芜市境内。

曹沫手剑劫齐侯

（选自清光绪刻本《东周列国志》）

加顽抗，大国也提前防备，齐国将会陷于不利的境地。”齐桓公不听，管仲再谏，说：“您切不可参与会盟。鲁国人怎能不带兵器呢？曹刿（又名沫）的为人，坚强而狠毒，不是能用盟约来解决问题的。”齐桓公还是不听，坚持与鲁君相会。鲁庄公怀中带剑，曹刿怀中也带剑。上了盟台后，鲁庄公拔剑在手道：“鲁国边境，离国都只有五十里了，国家将亡，还不如今天同归于尽的好。”管仲一看大势不妙，匆忙向齐桓公奔去，不料被鲁国武士曹刿挡住。曹刿拔剑站在两个台阶之间说：“两位国君将改变原来计划，谁也不可近前！”管仲说：“国君请把侵占的土地归还给鲁国，以汶水为界好了。”齐桓公迫不得已地答应了下来。

齐桓公在接二连三地碰壁以后，顿然悔悟。他认为管仲的确比自己高明得多，要想建立霸业不能不尊重管仲，不能不依赖管仲。

《管子·霸形》记载了这样一个故事：一天，齐桓公坐在宫中的庭院里，管仲与隰朋进见。这当儿，空中有两只鸿雁飞过。齐桓公触景生情，叹息道：“那些鸿雁时而南飞，时而北飞，时而飞走，时而飞来，不论四方多远，愿到哪里就到哪里，是不是有两只羽翼，所以才能把它们的意向通达于天下呢？”管仲和隰朋故意默不出声。齐桓公着急道：“你们两位为什么不回答呢？”管仲不无寓意地说：“君主您有成就霸王之业的心愿，而我则不是成就霸王之业的大臣，所以不敢回答。”桓公真诚地说：“仲父何必这样，为什么不进直言，使我有个方向呢！我有仲父，就像飞鸿有羽翼，过河有船只一样。仲父不发一言教导我，我虽然有两只耳朵，又怎么听到治国之道和学得治国的法度呢？”可见齐桓公其情也真，其言也切。对此，管仲露出了欣慰的微笑。

乘风破浪会有时

深得齐桓公的信任之后，管仲感觉肩上的担子更重了。为了不辜负齐桓公的厚望和重托，为了早日实现一匡天下的大业，身居高位的管仲以出乎常人常理的方式，向齐桓公索要了“富”“贵”“亲”三项特权。对此，《韩非子·难一》载道：有一次，管仲对齐桓公说：“我有幸做了齐国的宰相，应该说很得宠爱了，然而我还是陪臣的身份，显得很卑贱。”齐

宁戚

春秋时期卫国人。生卒年不详。家贫，少有大志，怀才不遇。随商人入齐。夜宿齐都临淄北郭，贩牛而歌，遇齐桓公。管仲推荐宁戚任齐国大司田。

（于受万画。选自《淄博名人》，山东文艺出版社2003年版）

齐桓公举火爵宁戚
（选自清光绪刻本《东周列国志》）

桓公说：“好办。我把您的身份提到上卿高氏和国氏之上。”管仲说：“我的身份地位诚然提高了，然而我还很贫穷。”齐桓公说：“好办。我给你‘三归之家’的俸禄。”管仲又说：“我诚然富有了，然而我和君主您非亲非故，个人关系比较疏远。”齐桓公说：“那也好办。我对您以再生父亲待之。”对于管仲的做法，古人霄略评判说：“管仲以卑贱为不可以治理国家，故请高、国之上；以贫穷为不可以治理富人，故请三归；以疏为不可以治亲，故处仲父。管仲非贪。以便治也。” 《说苑 · 尊贤》也记录了这件事，并且继而载孔子言曰：“管仲之贤，而不得此三权者，亦不能使其君南面而霸矣。”意思是说，管仲虽然深谋远虑，运筹有方，但如果没有“贵”“富”“亲”三项特权，也不能辅佐齐桓公君临齐国、称霸天下。 可见，管仲的这一做法得到了孔子的理解和赞赏。

齐桓公深明疑人不用，用人不疑的道理。既然把宰相的位子交给了管仲，并且又给了他三项特权，就应该充分发挥他的聪明才智，让他放手大干一场，而自己则做个无为而治之君吧！

《新序 · 杂事第四》讲了这样一个故事：一天，有个大臣向齐桓公请

示工作。齐桓公说："去问仲父吧。"一连请示了三次，桓公三次都说去问仲父。这时，行走在侧的侍者笑了，禁不住脱口而出："一是请教仲父，二是请教仲父。看来，做个国君真容易啊！"齐桓公一语中的地说道："我得到管仲之前很难，现在得到管仲了，有他这样的贤臣执政，还有什么不容易的啊！"

齐桓公不仅把国家事务全部交给管仲处理，而且对一些看似不太合乎常理的做法也给予充分的理解和支持。据《管子·中匡》记载，管仲计算国家的开支，三分之二用于国外宾客，仅留三分之一用于国内。管仲生怕齐桓公通不过这一预算方案，因此汇报时诚惶诚恐，心存不安。没料想齐桓公信任有加地说："您还至于这样吗？四方邻国的宾客，来者满意，出者称赞，好名声就布满天下了；来者不满意，出者不称赞，坏名声就传遍宇内了。有土地可以生产粮食，有木材可以制造商品。粮食用尽可以再生产，商品卖完可以再买进。治理国家者，名声最为重要，对于钱财何必太在意呢！"管仲听后很感动地说："这实在是您的高明之见！"

宁戚贩牛
（选自《齐都名人》，百花文艺出版社2005年版）

齐桓公对管仲的尊重和信赖，几乎到了言听计从，无以复加的程度。《管子·小称》载桓公语说："仲父命寡人东，寡人东；令寡人西，寡人西。仲父之命于寡人，寡人敢不从乎？"能够得到齐桓公如此之信赖，真是管仲三生有幸了。

俗话说，一个篱笆三个桩，一个好汉三人帮。要干成一项大事业，必须有一个团结和谐、优势互补的团队，仅靠一两个人是不行的。管仲固然有旷世之才，并且深得

齐桓公的信赖，然而仅靠二人之力，要想建立丰功伟业是绝对办不到的，还须有一班好辅佐才行。真是上苍赐福，造物眷顾，恰恰有这么一批俊杰向管仲走来。

据《管子·小匡》记载：管仲任相三月，与齐桓公共同评论百官。管仲说："升降揖让有礼，进退娴熟有节，说辞刚柔有度，我不如隰朋，请封他为'大行'。开荒垦地建设新的城邑，精耕细作使田土增产丰收，繁衍人口，尽地之利，我不如宁戚，请封他为'大司田'。在平原广郊之上，使战车不乱、战士不退，鼓声一起而三军视死如归，我不如王子城父，请封他为'大司马'。审判案件，调解纠纷，不妄杀无辜的人，不妄诬无罪的人，我不如宾胥无，请封他为'大司理'。敢于冒犯君主的颜色，进谏必忠，不怕死，不贪图富贵，我不如东郭牙，请封他为'大谏'。这五个人，如果从某一方面来看，我一个都比不上；但是用来同我管夷吾去交换位置，我是不干的。君上您想要治国强兵，有这五人就够了；若想图霸王之业，则有管夷吾在此。" 齐桓公听后连连说好。

隰朋，生年不详，卒于齐桓公四十一年（公元前645年），出身于齐国公族。早年，隰朋曾与鲍叔牙、宾胥无共同辅佐公子小白，并跟随小

宁戚贩牛处遗址

位于临淄区齐国故城北部。

宁戚冢

位于山东省青岛市平度境内。

白一道流亡于莒，属于早期小白政治集团的骨干成员。隰朋长于礼仪、辞令，所以被管仲推荐为“大行”之官，主持外交事务。如同管仲一样，隰朋也得到了齐桓公的赏识和信任。《韩诗外传》卷七载晋文公语说：“古时齐桓公得到管仲、隰朋的辅佐，得以君临齐国。齐桓公曾说：‘自从我得到二位贤臣，眼睛更加明亮，耳朵更加聪敏。我不敢独自拥有他们，所以要向先祖汇报进献。’”后来，隰朋为桓公霸业献计献策，做出了重要贡献，其见解备受齐桓公和管仲的重视。

宁戚，卫国人。生卒年不详，约与管仲同时。宁戚学识渊博，才华出众，在卫国却无所施展。后来听说齐桓公有宏图大略，礼贤下士，便决心到齐国发展。然而，宁戚家贫缺少盘缠，不得不做了前往齐国做买卖的卫国商人的车夫。当车子到了齐国，夜宿临淄北郭的时候，恰遇齐桓公夜间出城会客。宁戚认为晋见齐桓公的机会到了，便一手拌着草料，一手拍打着牛角唱到：“南山矸，白石烂，生不逢尧与舜禅。单布短衣适至干，从昏饭牛薄夜半，长夜漫漫何时旦。康浪之水白石粲，中有鲤鱼长尺半，敝布单衣裁至干，清早饭牛薄夜半，黄犊上坂且休息，吾将舍汝相齐国。出东门兮厉石班，上有松柏青且阑，粗布衣兮纭缕，时不遇兮尧舜主，牛兮努力食细草，大臣在尔侧，吾将与尔适齐国。”齐桓公听歌后惊奇不已，便与宁戚同车而归。次日，管仲与之交谈，发现宁戚是一个治国贤才，后推荐给桓公做了“大司田”之官。

王子城父，生卒年不详。《史记·律书》说：“晋用咎犯，而齐用王子，吴用孙武，申明军约，赏罚必信，卒伯诸侯，兼列邦土，虽不及三

代之诰誓，然身宠君尊，当世显扬，可不谓荣焉？”在此，司马迁将王子城父与咎犯、孙武并举，可知其人具有卓越的军事才能。又据《左传·文公十一年》记载，狄人的首领郏瞒进攻齐国，王子城父率军迎击，俘虏了另一首领荣如，并割下荣如的脑袋埋在周首的北门下边。此事发生在齐襄公二年。由此可知，王子城父应是齐国的一位老将，管仲推荐他做了“大司马”之官。

宾胥无，《史记》写作宾须无，生卒年不详。宾胥无早在公子小白流落在莒时，就跟随在侧，属于早期小白政治集团的骨干成员。宾胥无善于审狱断案，长于明辨是非，不滥杀无辜，不冤屈无罪，所以管仲推荐他做了“大司理”之官。历史证明宾胥无是胜任此职的，并且在以后的齐桓公称霸大业中做出了积极的贡献。对于宾胥无的地位和作用，史书多有记载和评价。如《国语·齐语》说，桓公“唯能用管夷吾、宁威、隰朋、宾胥无、鲍叔牙之属而伯功立。”再如《说苑·尊贤》说：“春秋之时，天子微弱，诸侯力政，皆叛不朝，众暴寡，强劫弱，南夷与北狄交侵，中国之不绝若线。桓公于是用管仲、鲍叔、隰朋、宾胥无、宁戚，三存亡国，一继绝世，救中

隰朋

生年不详，卒于公元前645年，出身于齐国公族。善辞令，长礼仪。管仲推荐任齐国大行，主持外交事务。

（于受万画。选自《淄博名人》，山东文艺出版社2003年版）

齐长城入海口烽火台

位于今山东省青岛市黄岛开发区。

国，攘戎狄，卒胁荆蛮，以尊周室，霸诸侯。”

东郭牙，生卒年不详。关于东郭牙，《韩非子·外储说左下》记载了这样一个故事：当初，齐桓公想立管仲为仲父，就对群臣说：“赞成的请站在门内的左边，不赞成的站在门内的右边。”可是，唯独东郭牙站在门的中间。齐桓公很奇怪，问他为什么立于中间。东郭牙反问桓公道：“以管仲之智为能谋天下乎？”“以断为敢行大事乎？”齐桓公回答说管仲能谋天下，敢行大事。于是，东郭牙说，国君知道他能谋天下，敢行大事，怎么还要把齐国的大权交给他一人？假如他以自己的才能，借助君主的威势，行不忠于君主之事，齐国不就很危险了吗？齐桓公听后，觉得有道理，于是令隰朋治内，管仲治外。这个故事很耐人玩味，可以有许多解读，我们姑且不去引申了吧。不过，从中不难看出东郭牙具有刚正不阿、直言不讳的品德和作风。正因如此，管仲推荐他做了“大谏”之官，可谓适得其所、用其所长了。

除了上述五人外，更有鲍叔牙、高傒等人团结在管仲的周围，从而形成了一个强有力的集团，奠定了坚实的核心人才团队基础。

总而言之，适逢春秋乱世，管仲上得齐桓公信赖，下有一班子好辅佐，可以说干事创业的天时、地利、人和诸多条件皆备于身了。

春风得意马蹄疾

大难已过，相权在握；君臣知遇，风云际会；管仲迎来了春风得意的黄金岁月。在中国历史的大舞台上，首霸春秋的壮剧终于被管仲拉开了光彩照人的帷幕。

作为思想家的管仲，高瞻远瞩，气势恢宏。他认为，在大动荡、大变革的春秋时代，要想有效地保存自己，必须做到有效地抑制对手；要想治理齐国，必须平治天下。他坚持的是一条以攻为守、以进谋保、以发展求生存的原则，表现出一种积极进取的阳刚之气。

管仲纪念馆广场

位于临淄区牛山北麓。

管仲纪念馆大门及一角
位于临淄区牛山北麓。

作为政治家的管仲，求真务实，开拓创新。他认为欲使齐国处乱世而自立，须称霸诸侯；欲称霸诸侯，须富国强兵；欲富国强兵，须革故鼎新；欲革故鼎新，须创造一个安定和谐的社会环境。因为动乱只能造成破坏，安定才能进行建设。因而，管仲施政先从安定社会做起。

管仲初涉政坛之时，齐国生灵涂炭，社稷摇摇欲坠。为尽快把动荡的社会安定下来，他把德高望重的老人们召集起来，开会议事，分析民情，排比好坏。把有道德的人们树立为榜样，把刁顽之民绳之以法。为了褒善抑恶，保证法律的实施，又配套以赏罚制度。用赏赐劝勉好人，用刑罚纠正坏人。同时，管仲还准备了有格式的表券，让人们原原本本地填写，登记造册，从而建立了我国古代最早的户籍制度和档案制度。不仅如此，为了使社会更加稳定，管仲还采取了“四民分业定居”的措施。所谓“四民”，指的是士、农、工、商。所谓“分业定居”，指的是按照四民从事的不同职业分区居住，从而分别管理。这些制度和措施为稳定社会提供了有力的保障。

在社会稳定以后，管仲就开始了大刀阔斧的政治、经济、军事和外交等方面的改革。

政治方面，管仲主张加强君权，国君要掌控生、杀、富、贵、贫、贱六大权力，叫做君操六柄。这只是问题的一个方面。问题的第二方面是，管仲认为必须加强宰相的权力，并且使之规范化和制度化。因为相权既是君权的必要补充，又对君权进行有效的制约。一种不受任何制约的权力住往膨胀到使之崩溃的程度。为此，管仲创设了宰相制度，他自己也就自然而然地成为了真正意义上的中国第一相。为了推行政令，对人民进行有效的行政管理，管仲创建了一套由中央和地方组成的完整的官僚政治体制，分官设职，井然有序。管仲还创建了“三选”之法，把齐国的贤能之士选拔出来，任为官吏，从而建立起一支高素质的官吏队伍。同时，管仲还充分认识到民众在政治生活中的重要作用。他坚持“俗之所欲，因而予之；俗之所否，因而去之”的决策原则。这样，齐国便由原

管子祠

位于临淄区管仲纪念馆内。

来的宗法贵族政体过渡到了有限开明君主官僚政体，从而为创立霸业提供了政治保障。

经济方面，管仲把国家控制的因战争和内乱而荒芜了的大片土地，按照井田的形式规划起来，均分给农民。然后又推行了根据土地好坏分等级收取地租的政策。土地和赋税制度的改革，使农民对土地的占有与对国家的负担、自身的利益挂起钩来了，从而激发起农民的劳动热情，提高了他们的生产积极性，自然也保证了国家的税收和粮食储备。管仲在进行农业改革的同时，大力发展工、商业，尤其鼓励外贸业。他采取了低关税、免税和提供优良服务等措施，吸引外国的商人到齐国来做买卖，以通有无，刺激消费，扩大生产。同时，管仲又提倡“养桑麻，育六畜”，积极发展林、牧、副、渔业。这样，齐国很快地富裕起来，从而为创立霸业奠定了坚实的经济基础。

军事方面，管仲创立了“作内政而寄军令”的军政合一、兵民结合制度，采取了以军器赎罪的措施，从而使齐国的兵源和军事设备得到了保障。每年的春、秋两季，管仲进行军事训练，叫做春搜秋狝，从而提高了军队的战斗力。最后，管仲组建了三支劲旅，号称三军。齐国借此南征北战，所向披靡。

外交方面，管仲从实际出发，制订了亲邻国、征乱邦的外交政策。他派出了大批使臣，设立驻外国的使馆。曹孙宿驻楚国，商容驻宋国，季友驻鲁国，开方驻卫国，匽尚驻燕国，审友驻晋国。又派出游士80人，供给他们车马衣裘，多带物质粮食，货币也很充足，叫他们周游四方，卖给各国诸侯，以了解他们的嗜好，选择混乱的诸侯国先事征伐。

经过几年的改革与发展，齐国富强起来了，邻国的关系也处理得很好了，于是走上了尊王室、攘夷狄、霸诸侯的征程。据《管子·小匡》记载：齐国的领土南至泰山以北，西至济水，北至大海，东至纪、随两地，方圆360里。用三年的时间稳定了社会，四年训练成了一支兵士三万人、军车八百乘的军队。到了第五个年头，诸侯之中多有昏乱而不服从周天子的，于是齐桓公就出兵征讨。他东救徐州，分吴地之半；救存鲁国，侵陵蔡国，分割越地。南面凭借宋、郑两国而伐楚，渡汝水，过方城，接近文山，责令楚国贡苞茅于周室。周天子送祭肉给齐桓公，荆州诸侯没

齐国历史博物馆
位于临淄区齐都镇。

有不来归服的。在中原救援晋公，擒获狄王，打败胡貉，攻破屠何，以骑兵入侵的流寇也被征服了。往北则攻伐山戎，制服令支，斩杀孤竹，九夷也开始听从了。沿海的各诸侯国，没有不来归顺的。往西的征战，夺取了白狄的土地，兵到西河，并船投筏而渡，到了石枕；又悬吊兵车、缠束战马，越过太行山与卑耳山的溪涧，拘捕大夏之敌。接下来，再往西征服流沙西虞之地，秦地戎人也开始服从了。总之，齐兵南征北战，成就大功十二项。东夷、西戎、南蛮、北狄和中原诸侯各国，没有不服从的。齐桓公与各国诸侯摆起祭品，书写盟誓，告于上下神灵。然后，率天下安定周室，在阳谷大会诸侯。因而，齐国有兵车之会六，乘车之会三，九次会盟诸侯，匡定天下。从此，铠甲不解绳，兵器不开箱，弓衣没有弓，箭服没有箭，停武事，行文治，天下晏然，以朝拜周天子。

在长达41年的宰相生涯里，在波澜壮阔的创霸过程中，管仲入则为相，出则为将。既运筹于帷幄之中，又驰骋于战场之上。以其大智大勇，尽显风流本色。作为相，管仲领袖群臣百官，布宪施政，富国强兵；作为将，管仲指挥千军万马，统揽战局，驰骋沙场；作为霸主之辅，管仲经常代表齐桓公，会盟诸侯，号令天下。是管仲成就了齐桓公的首霸大业。对此，《史记 · 管晏列传》说：“管仲既用，任政于齐，齐桓公以霸，九合诸侯，一匡天下，管仲之谋也。”

对于管仲的功业和对后世的影响，宋人张舜民写诗赞道：

小白奖周室，
夷吾致其君。
各竭当时力，
未免后儒言。

骏马日千里，
壮士举百钧。
更欲加勉策，
折髀与摧辕。

（王毅编：《古代咏齐诗赋辑览》）

明朝人鲍象贤亦写诗咏道：

兵车半偃息民灾，
仗义尊王四垒开。
自古人生谁无死？
至今疆场羡其才。

（王毅编：《古代咏齐诗赋辑览》）

无可奈何花落去

月圆月缺，花荣花枯，茫茫宇宙之中，任何事物都逃不脱大自然的规律。人与人类社会也一样。

管仲，这位被梁启超誉为中国古代最大之政治家和学界一巨子的大人物，当他倾四十一年之心血，把齐桓公推上春秋第一霸主地位之后，自己的自然生命和政治生命也行将走到尽头。齐桓公四十一年（公元前645年），年已80的管仲病了，并且一病不起。对于生老病死，管仲并没有感到痛苦与无奈，因为这是自然规律，而使他感到痛苦和无奈的事情有如下三件：

管仲衣冠冢

位于安徽省颍上县解放北路管仲公园内。墓前立有两块残碑。一碑刻文“管仲父墓”，一碑刻文“颍上管子之墓”。

其一，管仲无奈于晚年齐桓公的骄逸。

纵观齐桓公的一生，应该说是一个想作为而且有作为的政治家，算得上一位开明的君主。然而，金无足赤，人无完人，齐桓公也有其短处和历史局限性。用他自己的话说平素有三大缺点和污行。

《管子 · 小匡》有这样一段记载：管仲刚任相三天，齐桓公就坦诚地对管仲说：“我有三大缺点，还能把国家治理好吗？”管仲说：“我还没有听到过。” 齐桓公说：“我不幸嗜好田猎，晚上还要到薮泽野地，直到深夜才回来，诸侯使者不得当面致意，百官也无从当面报告。”管仲说：“这的确不是好事，但不是最要紧的。” 齐桓公说：“我不幸嗜好饮酒，夜以继日，诸侯使者不得当面致意，百官也无从当面报告。” 管仲说：“这也不是好事，不过也不是最要紧的。” 齐桓公说：“我还有一件污行，就是好女色，连姑姑、姐妹都有不嫁人的。”管仲说：“这也不是好事，不过也不是最要紧的。” 齐桓公大惊失色道“这三者都可以，难道还有什么不可以的事情吗？”管仲回答说：“人君唯有优柔寡断和不奋勉为不可。优柔寡断则无人拥护，不奋勉则无以成事。”

除上述好猎、好酒、好色之外，晚年的齐桓公又产生了骄傲和逸乐思想。

齐桓公的骄傲思想早在葵丘之会以前就产生了。齐桓公三十五年

(公元前651年),齐、鲁、宋、卫、郑、许、曹会盟于葵丘,周天子也派使臣与会了。葵丘之会,既是齐桓公霸业的顶峰,也是齐桓公霸业由盛而衰的转折点。齐桓公开始满足于所取得的成就,志得意满,盛气凌人。会盟期间,周室使臣宰孔代表天子赐胙时,齐桓公竟然不想下拜领受。这一无礼的举动,幸亏被管仲劝止了。后来又以功高三代自居,要到泰山、梁父举行封禅大典,再次被管仲劝止了。对此,《史记·齐太公世家》说:"(齐桓公)复会诸侯于葵丘,益有骄色……诸侯颇有叛者。"

晚年的齐桓公斗志开始衰退而逸乐思想开始滋生。《管子·霸形》记载了这样一个故事:狄人攻打邢国和卫国时,齐桓公没有出兵救援,而是光着身子缠着胸带在宫中装病。他召见管仲说:"我有千年的食品,却没有百年的寿命,现在又有疾病,姑且行乐一番吧!"管仲很无奈地说:"好吧。"于是下令悬起钟磬,陈设竽瑟,奏起音乐,载歌载舞,并且每天杀牛数十头,连续了几十天。群臣都来进谏说:"宋国伐杞,狄人伐邢、卫,君上不可不救。"齐桓公说:"我有千年的食品,而没有百年的寿命,现在又有疾病,姑且行乐吧!况且人家并没有进攻我的国家,不过是征伐邻国,你们就放心吧。"

《管子·中匡》记载了又一个类似的故事:一次,齐桓公要宴请管仲。为此,挖了一口新井,并且用木屋覆盖起来;又斋戒十天,才召见管仲赴宴。宴饮间,齐桓公亲自执爵,夫人亲自捧樽,频频向管仲敬酒。谁知,酒过三觞,管仲却起身离席了。齐桓公发怒道:"我为举办这次宴会而掘新井并斋戒十天,不能说不隆重的了。仲父却不辞而别,是什么道理?"鲍叔与隰朋追上管仲说:"君主发怒了。"管仲回到院中,背靠屏风而立,齐桓公不与他说话;管仲再向前,走到中庭,齐桓公还是不与他说话;管仲继续向前,走到堂屋,齐桓公才开口说道:"我斋戒十天宴请仲父,自以为无所得罪。您不辞而别,不知是什么原因?"管仲回答说:"沉溺于宴乐的就会沾染忧患,厚于口味的就会薄于德行,怠慢于听朝的就会缓于政事,我就是因为这些才敢于不辞而别的。"齐桓公听后,立刻下堂说:"我哪敢自为苟安。仲父年长,我也衰老了,我希望安慰一下您。"管仲回答说:"我听说壮年人不懈怠,老年人不苟安,顺天道办事,一定有好结果。夏桀、商纣、周幽三王之所失,并不是一个早上猝

管仲病榻论相
（选自清光绪刻本
《东周列国志》）

然而到的，您为什么有所苟安呢？”管仲说完回身便走，齐桓公以宾客之礼再拜而送出。这时，我们看到的是及时行乐的齐桓公，而不见了半点霸主的身影。

齐桓公在生活上的三大缺点和污行，管仲可以节制它；晚年的骄傲和逸乐，管仲可以劝阻它。那么，一旦管仲下世，又将如何呢？

其二，管仲无奈于后继无人。

管仲病危，齐桓公非常悲痛而又焦虑不安，他不能不考虑管仲死后由谁接任宰相的大事了。据《管子 · 戒》记载：一天，齐桓公亲自前往探病。他小心翼翼地问道：“仲父的病很重了，这是毋庸讳言的事情。假如不幸此病不愈，国家大事我将转托谁人呢？”管仲沉思良久，没有回答。齐桓公又直接问道：“鲍叔怎样？”管仲回答说：“鲍叔是个君子。即使千辆兵车的大国，不以正道送给他，他都不会接受的。但是，他不可以托付大政。因为他为人好善，但憎恶坏人太过分，见一恶终身不忘。”齐桓公接着问：“那么谁行呢？”管仲回答说：“隰朋行。隰朋为人，有远大目光又虚心下问。我认为，给人恩德叫做仁，给人财物叫做良。用做好事来压服人，人们不会心服；用做好事来熏陶人，人们没有不心服的。治国有所不知的政务，治家有所不知的家事，这只有隰朋能做到。并且，隰朋为人，在家不忘公事，为公也不忘私事；事君没有二心，也不忘自身。他曾用齐国的钱，救济路过的难民五十余家，而受惠者不知是他。称得上大仁的，还不是隰朋吗？” 齐桓公又问道：“假如我不幸而失去仲父，各位大夫还能使国家安宁吗？”管仲回答说：“请您衡量一下吧！鲍叔牙的为人，好直；宾胥无的为人，好善；宁戚的为人，能干；曹孙宿的为人，能说。” 齐桓公说：“这四个人都是上等人才，能得到其

易牙

生卒年不详。长于烹饪，是我国古代著名的美食家。易牙为齐国佞臣，却受宠于齐桓公。管仲死后，他与竖刁、卫公子开方，堂巫祸乱齐宫室，危害齐国。

（于受万画。选自《淄博名人》，山东文艺出版社2003年版）

中一个就够幸运的了，现在我全部拥有，还不能使国家安宁，那是什么缘故呢？”管仲回答说：“鲍叔牙的为人好直，却不能为国家牺牲其直；宾胥无的为人好善，却不能为国家牺牲其善；宁威的为人能干，却不能适可而止；曹孙宿的为人能说，却不能取信以后就及时沉默。据我所知，按照消长盈亏的形势，与百姓共屈伸，然后能使国家长治久安的，还不是隰朋吗？隰朋为人，行动一定估计力量，举事一定考虑能力。”管仲停顿了一会儿，长叹一声说：“上天生下隰朋，本来是作我‘舌头’的，我身既死，舌头还能活着吗？”管仲一口气说完后，泪流满面，久默无语。

其三，管仲无奈于佞臣行将作乱。

林子大了，什么鸟都有。在齐桓公周围，贤臣之外，还有四个佞臣。他们是易牙、竖刁、开方和堂巫。易牙长于烹饪，为讨齐桓公的欢心，竟

群公子之乱

齐桓公死后，他的儿子无亏、元、昭、潘、商人、雍为争夺君位，展开了一场异常激烈的争斗。

（选自清光绪刻本《东周列国志》）

晏娥儿踰墙殉节
（选自清光绪刻本《东周列国志》）

然杀死自己年幼的儿子，蒸了让齐桓公吃。竖刁是齐桓公的内侍，知道齐桓公好色，多内宠，竟然自宫净身，为齐桓公主持后宫之事。开方本是卫国的公子，离卫至齐服侍齐桓公。尽管齐卫相距并不太远，但他竟然居齐十五年未曾回国探亲，父亲去世时都没有送葬。堂巫通巫术、懂医学，受宠于齐桓公的卫共姬。这四人都得宠于齐桓公。然而，在管仲看来，他们都是随时准备咬人的疯狗。因此，管仲死前的一个主要愿望就是要求齐桓公除掉他们。对此，《管子·戒》记载了管仲与齐桓公的一段对话。管仲说："东城有一只狗，动唇露齿，一天到晚准备咬人，是我用木枷枷住而没有使之得逞。现在的易牙，自己的儿子都不爱，怎么能爱君？您一定要去掉他。" 齐桓公说："好。"管仲说："北城有一只狗，动唇露齿，一天到晚准备咬人，是我用木枷枷住而没有使之得逞。现在

的竖刁，自己的身体都不爱，怎么能爱君？您一定要去掉他。”齐桓公说：“好。”管仲说：“西城有一只狗，动唇露齿，一天到晚准备咬人，是我用木枷枷住而没有使之得逞。现在卫公子开方，弃掉千乘之国的太子来臣事于您，这说明他的欲望是：从您身上得到的，将远远超过一个千乘的国家。您一定要去掉他。”齐桓公说：“好。”

《管子·小称》也记载了管仲进言逐四佞的故事。管仲对齐桓公说：“我希望您把易牙、竖刁、堂巫和卫公子开方辞退掉。易牙用烹调侍候您，您说唯有婴儿的味道没有尝过，于是易牙蒸了他的儿子献给您。人之常情，没有不爱自己儿女的，他对自己的儿子都不爱，能爱您吗？您喜欢女色而嫉妒，竖刁自己宫身而为您管理宫女们。人之常情，没有不爱自己身体的，他对自己的身体都不爱，能爱您吗？公子开方侍奉您，十五年不回家探亲，齐国与卫国之间，不用几天功夫就到了。人之常情，没

齐长城局部

位于山东省淄博市淄川区劈山。

有不爱双亲的，他对自己的双亲都不爱，能爱您吗？我听说过，做假的不可能持久，掩盖虚伪也不会长远。您还是辞掉他们吧！”桓公说：“好。”

齐桓公真的能痛改前非吗？齐国大政将由谁来接掌？四个佞臣会不会作乱？病危中的管仲显得异常焦虑和无奈。他终于在焦虑中，无奈地闭上了眼睛。

管仲走了，在公元前645年，一个山河失色、日月无光的日子里走了。

同一年，隰朋也死了。齐国犹如失去支柱的大厦，局势急转直下。这时的齐桓公因驱逐了堂巫而生了怪病，因驱逐了易牙而少了食味，因驱逐了竖刁而宫中混乱，因驱逐了卫公子开方而懒于临朝。于是在管仲死后的第二年，齐桓公又把四个佞臣召回宫中了。

管仲死后两年，即公元前643年，齐桓公病重。四个佞臣倚仗齐桓公的夫人和儿子们作起乱来。他们堵塞宫门，建筑高墙，把重病之中的齐桓公禁闭在寿宫之中，不让任何人出入。他们假传齐桓公之命，号令群臣。

病危的齐桓公又饥又渴，却不见一个送汤送饭的人影。这天，一个宫女偷偷地越墙来到寿宫，齐桓公说想吃点东西，宫女却一点食物也找不到；齐桓公说口渴，却一滴水也没有。宫女把易牙等四人作乱的事告诉了齐桓公。齐桓公听后，老泪横流，慨然长叹道：“天啊！管仲真是圣人。他看得多么远呀！如果死后真有灵魂，我还有什么脸面去见仲父呢！”说完后，以衣蒙面，死于寿宫。

齐桓公死后，诸子争位，六十七天不能发丧，致使尸体腐烂，蛆虫爬出门外。

对于齐桓公的悲剧结局，唐人胡曾写诗叹道：

违背忠臣宠佞臣，
致使骨肉肆纷争。
若非高国行和局，
白骨堆床葬不成。

（王毅编：《古代咏齐诗赋辑览》）

明人冯梦龙亦写诗叹道：

四十余年号方伯，

南摧北抑雄无敌。

一朝疾卧牙刁狂，

仲父原来死不得。

（王毅编：《古代咏齐诗赋辑览》）

就是在这样的悲剧氛围中，管仲与齐桓公惨淡经营了四十余年的霸业，随着二人的相继去世而沉重地拉上了帷幕。

齐桓公之后，晋文公登上了霸主的宝座。

晋文公

齐桓公之后的春秋霸主。

（选自清光绪刻本《东周列国志》）

中篇

旷世功业

乱世之秋

古人说知人论世。不论世何以知人？我们要想了解管仲的赫赫功业，就不能不了解他所处的时代背景。

公元前11世纪，周武王姬发举兵讨伐商纣王，战于牧野，纣王败绩，天下更始，西周王朝建立。

两年之后，武王去世，其子姬诵即位，是为成王。成王年幼，周公姬旦摄政，代行天子事。管叔、蔡叔不服，与武庚等联合叛乱。周公带兵东征，经过三年的苦战，终于平息了叛乱，杀武庚、管叔，流放蔡叔。东征以后，为了巩固政权，周公“建侯卫”、营成周、划井田、制礼乐。他“一沐三捉发，一饭三吐脯” ，礼贤下士，勤政爱民，天下大治。周公摄政七年，致政成王。成王在周公的教导下，尽心治国，社会安定，经济繁荣。

成王死后，其子康王即位。康王仍能秉承先王之志，发扬文、武遗风，国泰民安。对此，《史记·周本纪》说：“成康之际，天下安宁，刑错四十馀年不用。”史称“成康之治”。

康王死，其子昭王即位，民族矛盾开始激化。昭王亲率王师南征荆楚，前后用兵三年，在回军渡汉水时死

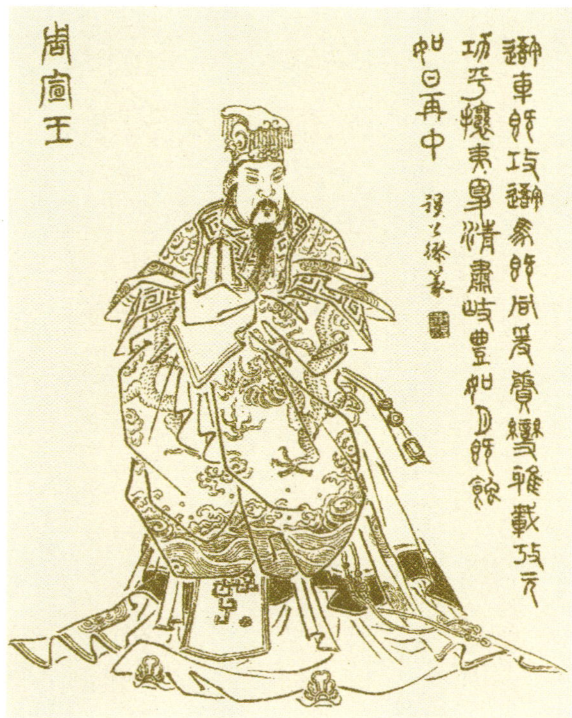

周宣王
（选自清光绪刻本《东周列国志》）

在水中。

周幽王烽火戏诸侯
（选自清光绪刻本《东周列国志》）

昭王死，其子穆王即位，民族矛盾和阶级矛盾继续激化。为了解决这两对矛盾，穆王对内作“甫刑”，分为墨、劓、膑、宫、大辟五刑，共3000条；对外大动干戈，征伐四夷。成书于战国时代的《穆天子传》，用神话的方式叙述了穆王西游的故事，实际上一定程度地反映了穆王时期与西北地区民族的交往情况。

昭穆时期，王室还比较强大，在民族斗争中尚能处于支配地位。随着疆土的不断开拓，周代的文明传播得更远，为后来的民族融合准备了条件。但与此同时，周王室的权威遭到了挑战，其统治地位开始衰落。所以，《史记 · 周本纪》说：“荒服者不至”“王道衰微”。

穆王传子共王，共王传子懿王，懿王死后共王弟孝王即位。孝王时和睦西戎，西方暂告安宁。孝王死后懿王子夷王立，《后汉书 · 西羌传》说：“夷王衰弱，荒服不朝。”

夷王死，其子厉王即位。厉王在位30年，其间发生了国人暴动。厉王出奔，王室出现了“共和行政”的局面。

“共和行政”14年后，厉王子宣王立。宣王在位46年，号称中兴。

宣王去世后，其子幽王即位。这时期，阶级矛盾与民族矛盾空前激化，幽王不但不知省察，反而专宠褒姒，废嫡立宠，丧德失政，烽火戏

弄诸侯，以至于朝野混乱，众叛亲离。公元前771年，申侯联合缯与犬戎等部，发兵进攻宗周。幽王狼狈出逃，被犬戎追杀于骊山之下。

幽王死后，其子平王即位。由于镐京的破败和犬戎的压迫，次年，即公元前770年，迁都洛邑。至此，西周落幕，春秋更始。

《春秋》本是记述鲁隐公元年（公元前722年）至鲁哀公十四年（公元前481年）242年间鲁国历史的一部编年史书，汉人列入"五经"，被儒家奉为经典。因其书在中国文化史上占有重要地位，又是记述这一阶段历史的最早著作，因而后人就把这一时代称为"春秋时代"。春秋时代的起讫时间，历来史家有不同的说法，在此择取公元前770年至公元前476年的界定。

春秋和战国是我国历史上一次重大的社会转型期。其中一个重要的标志是周天子地位的变化。西周时期，"普天之下莫非王土，率土之滨莫非王臣"，周天子处于至高无上的地位。进入春秋以后，王室衰微，作为"天下共主"的周天子实已徒具虚名。

这个时期，王畿之地，戎族鲸吞，诸侯蚕食，日割月削，面积锐减。春秋之初，周王室还拥有土地方六百里，后来只剩下成周方二三百里了，仅类于二三等诸侯国。

福无双至，祸不单行。按周礼规定，诸侯有

犬戎攻陷镐京
（选自清光绪刻本《东周列国志》）

义务定期向周王室纳贡和朝聘。《礼记·王制》说："诸侯之于天子也，比年一小聘，三年一大聘，五年一朝。"春秋以后，诸侯几不朝王，大夫罕有聘周；楚不贡苞茅，鲁不入贡赋。王畿收入锐减，贡赋渠道梗塞。周室财政拮据，入不敷出，不得不屈尊向诸侯"告饥""求车""求金""求赙"，俨然一个高级乞丐了。

周平王东迁洛邑
（选自清光绪刻本《东周列国志》）

经济的崩溃自然养不起足以维持王室尊严、控制四境以保平安的军队。于是，周王室不得不将原来的六军，缩减至三军、二军，最后甚至不足一军了。周军不仅数量减少，而且战斗力日渐低下。周郑交恶，王师败绩，周桓王伤肩，威风扫地。

平王东迁后，晋、郑胁迫王室。周、郑由"交质"到"交恶"，郑伯由"不朝"发展为兵戎相见。后来，周王又接受晋侯的召唤，参加诸侯召开的会议，处处受人掣肘，仰人鼻息。此时，周王室为天下共主的局面早已化为一页仅供人们缅怀的历史了，而摆在面前的则是一幅断轴残卷！

此消彼长。随着周王室的衰微，许多诸侯国因摆脱了束缚而得以自由发展。首先发展起来的是地处西、南、东、北边陲地区的秦、楚、齐、晋四国。如《国语·郑语》所说："及平王之末，而秦、晋、齐、楚代兴，

↑周平王

（选自清光绪刻本《东周列国志》）

↓周王室与郑国交恶

（选自清光绪刻本《东周列国志》）

秦景、襄于是乎取周土，晋文侯于是乎定天子，齐庄、僖于是乎小伯，楚蚡冒于是乎始启濮。”可知，随着王权的衰落，各诸侯国形成了“尾大不掉”之势，政治结构不可避免地发生了不同于西周的重大变化。

西周时期，“礼乐征伐自天子出”，天子对诸侯拥有生杀予夺的权力。如成王“伐诛武庚、管叔，放蔡叔。”（《史记·周本纪》）夷王“烹哀公而立其弟静，是为胡公。”（《史记·齐太公世家》）宣王立鲁懿公、鲁孝公（《史记·鲁周公世家》）等，都是王命一出，不容违犯。进入春秋以后，天子驾驭不了诸侯，诸侯纷纷闹独立，礼乐征伐变成自诸侯出了。不仅诸侯向天子闹独立，诸侯国内的卿大夫也效法诸侯，占据着自己的采邑领地向诸侯闹独立，礼乐征伐再变为自卿大夫出了。上行下效，在卿大夫闹独立的同时，甚至家臣们也利用替卿大夫管理采邑领地之机闹起独立来，这就是所谓的“陪臣执国命”。

祝聃射周王中肩
（选自清光绪刻本《东周列国志》）

《国语·郑语》说：“王室将卑，戎狄必昌。” 中原动乱的局面，给周边少数民族提供了充分发展和自我表现的好机会。犬戎兴兵，马踏镐京，血溅骊山，导致西周灭亡，社会发生严重的倒退。平王东迁洛邑后，占有西周旧地的西戎继续威胁东周政权。与此同时，北狄和南蛮也跃跃欲试，厉兵秣马了。

总之，王室式微，诸侯坐大；“南夷与北狄交，中国不绝若线”（《公羊传·僖公四年》）；王纲解纽，礼崩乐坏；狼烟四起，玉帛化为干戈；天下无道，社会失序。真是一个如汤如羹，沸沸扬扬的乱世春秋！

兴衰齐国

先秦齐国的开国君主是姜子牙。

姜子牙，名尚，字牙（亦作子牙）。因为周文王姬昌曾对他说过：“吾先君太公望子久矣”的话，故号太公望，世称姜太公。又因周武王姬发称他“师尚父”，所以又号师尚父。姜子牙是炎帝的后裔，他的先祖曾做过四岳官，因当年辅佐大禹治水有功，受封于吕地（今河南省南阳市附近），遂以封地为氏，故姜子牙又名吕子牙、吕尚、吕望、吕太公等。

姜子牙早年做过商纣王的小官，可惜生不逢时，仕不遇主，旋即离职从商，开始了颠沛流离的生活。年至七十，时来运转，在秦岭脚下，渭水之滨，幸遇明君周文王姬昌，于是再度出山，一展雄才。

姜太公

姓姜，名尚，字牙（又作子牙）。生卒年不详。姜太公辅佐周文王、周武王完成灭商兴周大业，以首功被封于齐地营丘，建立齐国。

（本画像现藏于台湾故宫博物院。选自《齐都名人》，百花文艺出版社2005年版）

姜子牙归周后，辅佐姬昌修德理政，治军抚民，联络诸侯，开疆拓土，初步奠定了灭商兴周的坚实基础。文王姬昌死后，其子姬发即位，是为武王。姜子牙继续辅佐武王，生聚教训，励精图治，孟津观兵，牧野之战，最终完成了天下更始。

武王取天下、建西周后，采取了“封邦建国”的方针，以便加强对周边地区的统治和对周王室的拱

←天齐瓦当

古代建筑材料。战国时期。临淄区齐国故城内出土。

《史记·封禅书》说："齐之所以为齐，以天齐也。"齐都临淄东南牛山西北，淄水岸边有天齐渊。此瓦当之"天齐"，反映的正是这一齐文化内涵。

卫。这时，姜子牙以首功被封于齐地营丘。

营丘南枕泰山，北抱渤海，黄海环其左，济水绕其右，处于泰沂山脉向华北平原的过渡地带。在广阔的平原上卧着几多不太高的山丘，山脚下奔涌出条条如织的河流，片片湖泊点缀其间。这是一片古老而又神奇的土地，我国的早期文明在这里绽开了芬芳的花朵。

早在史前时代，东夷人就在这里创造了辉煌的后里文化、北辛文化、大汶口文化、龙山文化和岳石文化。夏、商时期，爽鸠氏、季崱氏、逢公伯陵氏、蒲故氏相继在营丘建立过部族方国。西周初叶，姜子牙又被周天子分封于此，建立了齐国。

姜子牙建立齐国并非一帆风顺，相反，倒是险象环生，困难重重。

我们知道，齐地本来是东夷人的家园。东夷人是一个有着悠久历史和发达文化的民族，他们自然不会俯首帖耳地接受姜子牙的统治。何况这时的东夷人拥有

←营丘城故址

位于临淄区齐国故城内。姜太公受封于齐地，建立齐国，以营丘为都。公元前859年，姜齐七世国君献公，因营丘滨临淄水，故更名为临淄。

比较强大的势力，似乎没怎么把姜子牙放在眼中。对此，姜子牙刚柔相济，文武并用。首先用武力打退了东夷人的一支——莱夷的武装进攻，继而推行了“因其俗、简其礼”的怀柔政策，迅速化解了东夷人的敌对情绪，很快建立并巩固了自己的政权。

齐国建立之初，是一个仅有“方百里之地” 的弹丸小国，而且负海泻卤，地薄人少，经济基础很不好。姜子牙因地制宜，推行优先发展工商业的政策，齐国的经济发展很快，不久便出现了“人民多归齐”的局面。对此，《史记 · 货殖列传》这样写道：“故太公望封于营丘，地泻卤，人民寡，于是太公劝其女功，极技巧，通鱼盐，则人物归之，繦至而辐凑。故齐冠带衣履天下，海岱之间敛袂而往朝焉。”

周成王时，管叔、蔡叔勾结商纣王之子武庚作乱，薄姑也联络淮夷等国乘机叛周，周王室的统治受到严重威胁。当时姜子牙虽然年事很高了，却仍然奉命率兵配合周公旦东征平叛，并且因此从周天子那里取得了对东部地区的征伐大权。正如《史记 · 齐太公世家》所说：“及周成王少时，管蔡作乱，淮夷畔周，乃使召康公命太公曰：‘东至海，西至河，南至穆陵，北至无棣，五侯九伯，实得征之。’齐由此得征伐，为大国。”

周师齐祖坊

位于临淄区城东姜太公祠。

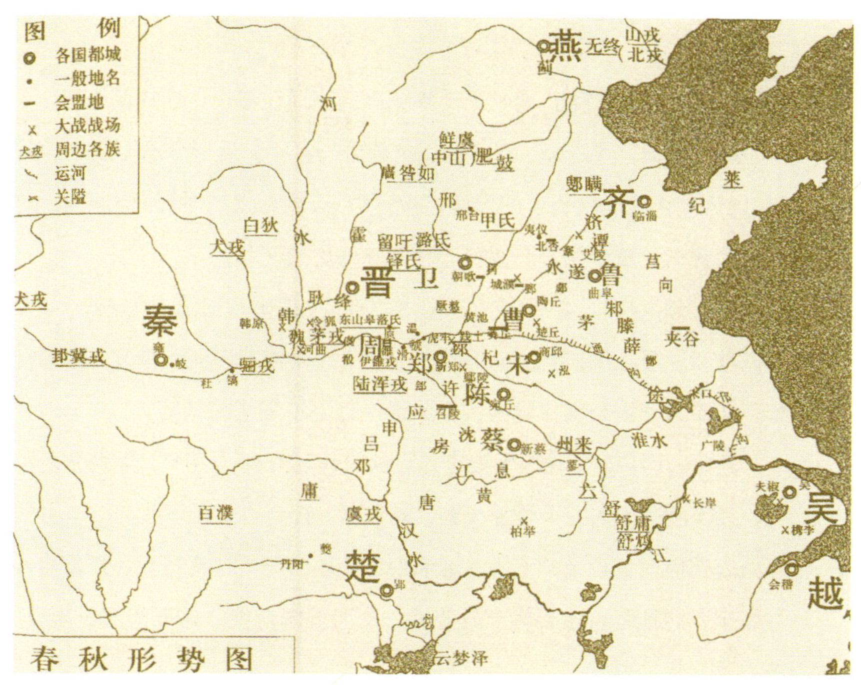

春秋形势图

（选自顾德融、朱顺龙著《春秋史》，上海人民出版社2003年版。）

总之，终太公一世，齐国便由一个贫国和小国变成了一个富国和大国。这一奇迹的出现，深得后人的礼赞。春秋时人吴札听到齐歌时，自然联想到姜太公的功业，油然而生敬意，情不自禁地说到："泱泱乎，大风也哉！其太公乎？国未可量也！"（《汉书·地理志下》）不仅如此，而更具重大意义的是姜太公建立了滨海工商型经济模式和取得了征伐诸侯的军事特权。前者找到了齐人富国之路，后者为齐国以后开疆拓土、称霸诸侯披上了合法的外衣。

太公之后，十一传至齐庄公。其间，齐纪交恶，哀公被烹；胡、献构怨，内壁操戈；三经变乱，二次移都；民不聊生，国无宁日。庄、僖继立，方现转机。

庄公是姜氏齐国的第十二代国君，即位于公元前794年，卒于公元前731年，在位64年。他的儿子齐僖公即位于公元前731年，卒于公元前698年，在位33年。父子俩相继统治齐国几乎一个世纪。

在齐庄公即位前47年，即公元前841年，周都镐京发生了国人暴动，周厉王被愤怒至极的国人赶出了京城；在齐庄公即位后的第23个年头，即公元前771年，周王室又发生了一件大事，周幽王被犬戎赶出镐京，追杀于骊山之下；次年，周平王把都城由镐京迁往洛邑，西周结束了。

由此可知，齐庄公、齐僖公在位的近一百年，是一个承上启下的时期，因为周王室一统天下的局面已被打破，五霸迭兴的时代尚未到来。这一时代背景，赋予庄公、僖公一种特殊的历史使命。

齐庄公执政时，主要致力于国内的事情。他励精图治，稳定社会，大力恢复和发展经济。经过60余年的努力，终于使齐国元气渐复，国力日增，从而为齐僖公征伐异国、主盟诸侯打下了坚实的基础。

齐僖公即位时，我国历史进入春秋时代已有40个年头，王纲开始解纽，诸侯渐次坐大，于是强凌弱、众暴寡，社会进入无序状态。这时的齐僖公凭借庄公积蓄的实力，远承太公获取的对外征伐特权，开始步入称霸东方的征程。主要标志是齐僖公主盟五国诸侯。这五个国家是齐、郑、鲁、宋、卫。

齐僖公组织五国同盟的首要目的是征讨不尊王室的诸侯。比如，公

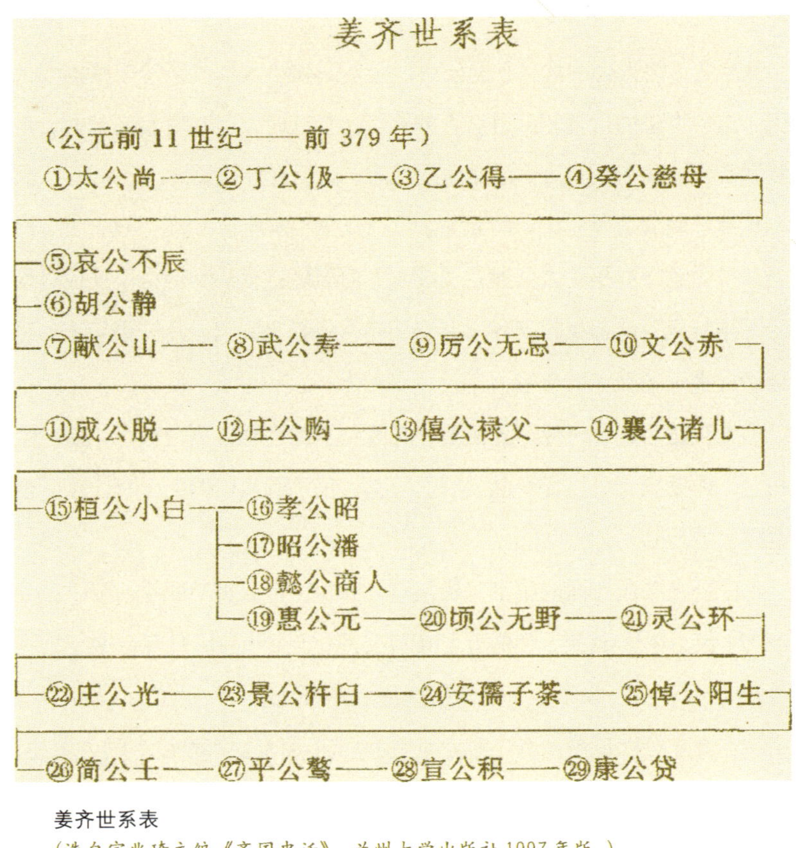

姜齐世系表

（公元前11世纪——前379年）

①太公尚——②丁公伋——③乙公得——④癸公慈母——

—⑤哀公不辰
—⑥胡公静
—⑦献公山——⑧武公寿——⑨厉公无忌——⑩文公赤——

—⑪成公脱——⑫庄公购——⑬僖公禄父——⑭襄公诸儿——

—⑮桓公小白—┬—⑯孝公昭
├—⑰昭公潘
├—⑱懿公商人
└—⑲惠公元——⑳顷公无野——㉑灵公环——

—㉒庄公光——㉓景公杵臼——㉔安孺子荼——㉕悼公阳生——

—㉖简公壬——㉗平公骜——㉘宣公积——㉙康公贷

姜齐世系表

（选自宣兆琦主编《齐国史话》，兰州大学出版社1997年版。）

元前712年，齐、鲁、郑三国联军讨伐许国，原因是许国不向周王室纳贡。结果攻下许国都城，并把许国的土地割出一部分给鲁国，鲁不受，又转给郑。最后，许国服罪，得到了赦免。

败戎兵郑忽辞婚

（选自清光绪刻本《东周列国志》）

五国同盟的第二个任务是平定内乱。比如，宋殇公即位后10年间发动了11次战争，百姓们不堪忍受，导致了一场内乱。公元前710年，太宰华父督杀死宋殇公

齐庄公

姜氏齐国第十二代君主。（选自《齐都名人》，百花文艺出版社2005年版。）

齐僖公

姜氏齐国第十三代君主。（选自《齐都名人》，百花文艺出版社2005年版。）

和司马孔父嘉，并从郑国迎回庄公立为宋君。对于宋国的这次动乱，齐僖公、郑庄公、鲁桓公、陈桓公马上在稷（今河南省商丘境内）地会面，讨论平定宋国内乱的事宜。

五国同盟的第三个任务在于攘夷狄，保护中原各诸侯国免遭侵犯。比如，公元前706年，北戎攻打齐国，齐求救于郑，郑派太子忽率军前来救援。6月，郑军大败北戎，并俘获了北戎的两个主帅大良和少良，斩杀300余敌人，大胜而归。齐僖公非常高兴，为了表达对郑国的谢意，竟然想把女儿文姜嫁给郑太子忽，却被婉言谢绝了。

总之，五国联盟的成立把齐僖公推上了东方霸主的地位，史称庄僖小伯。对此，《国语 · 郑语》说："齐庄、僖于是乎小伯。"

由此可知，春秋争霸早在齐庄公、僖公时期就已开始了。如果照这条路子继续走下去，齐国首霸天下的时间也许会提前数十年。然而好景不长，齐襄公执政后，不但中断了争霸之路，而且使齐国一下子跌入低谷。关于襄公乱政的历史前文已述，此不赘言。

时势造英雄，英雄造时势。乱世春秋与衰败齐国，提出了对杰出人物的迫切要求。正是在这种背景下，管仲登上了风谲云诡的政治舞台，上演了一幕幕撼天动地的历史壮剧。

政治改革

公元前685年，齐桓公即君位，任管仲为宰相。然而现实并不容乐观，因为摆在他们面前的是一片残山剩水。受命于危难之际的管仲认为，要想使齐国走出低谷，重振齐国雄风，进而平治天下，首要的问题是政治上的除旧布新。因为古代中国是一个以政治为核心的社会，如果没有好的政治，就谈不上稳定社会、巩固统治，更谈不上富国强兵、争霸天下了。因而，管仲执政伊始，便以非凡的智慧、魄力和勇气，大刀阔斧地进行了一次系统的深层次、大规模的政治改革。

管仲的政治改革首先是从制定、公布宪法开始的。

管仲之前，我国古人治国有典、有制、有令、有礼等等，但无宪法问世。制定宪法以作为治理国家的根本大法创始于管仲。不仅如此，管仲还把立宪作为治国的首要工作对待，谓之“首宪”。

关于“首宪”的具体情况，《管子·立政》这样写道：每年的正月初，国君要亲自临朝听政，评定爵赏，考核官吏，共用五天时间。每年的腊

桓公台

位于临淄区齐国都城小城内。现高14米，南北长86米，东西宽70米。台顶有两层，东、西、北三面陡峭，南面稍缓。东、北两面有排水道围绕。是先秦齐国宫殿建筑基址。

月末，国君也要临朝听政，论定罪、罚，实施刑、杀，也用五天时间。正月初一日，百官在朝，国君向全国发布宪法。五乡乡师和五属大夫都在太史那里领受宪法典籍，并在全体官吏会集在朝之日，当着国君的面学习领会宪法。太史宣布宪法后，正本存入太府，副本分发下去。五乡乡师出朝以后，就到乡办事处召集本乡所属官吏，直至基层负责人，同来领受学习宪法。宪法公布贯彻完毕，要及时回报朝廷，然后才能回到住处休息。宪法没有公布贯彻，报告没有交回朝廷，不能回住处休息。否则，叫做“留令”，那是不赦的死罪。五属大夫，都是乘车来朝的，但出朝后也不能到住处休息，需要立即离开都城。到达自己官府的当天，就要在祖庙里召集所属官吏，同来领受学习宪法。宪法公布贯彻完毕，要及时派遣使者回报朝廷。使者应在公布宪法的当天派出，不论早晚。宪法公布完，使者派出去，然后才能回到住处休息。宪法没有公布，使者没有派出，不能回住处休息。否则，叫做“留令”，那是不赦的死罪。宪法公布后，有不执行的，叫做“不从令”，死罪不赦。检查宪法文件，有与太府正本不符的，多了叫做“专制”，少了叫做“亏令”，也是死罪不赦。宪法公布贯彻后，各地就可以执行了。

第二，创立宰相制度。

我国古代，伴随着君主制的问世，如影随形般地产生了宰和相。因

桓公台遗址碑

管仲
（塑像。选自临淄区管仲纪念馆）

为政治是对国家的管理，对万民的统治，事繁任重，需日理万机。这众多的事务如果仅凭君主一人之智，单靠君主一人之力，是难以完成的；如果使最大多数或全体国民都直接地参与决策、共同管理，在古代的中国亦不可能。实际上负责处理国事者必是少数的人员，最主要的也就是几位核心成员，他们像君主的左右臂膀一样，供其使用，助其成功。对这少数的人或称为宰，或称为相，或合称为宰相。

据史载，黄帝时，曾设置"左右大监"，监于万国；唐虞之世，曾设置百揆总理事务；夏朝曾设置六卿；殷朝曾设置六太；周朝曾设置三公，颇似后世的宰相之职。然而，真正的宰相制度却形成于春秋时期的齐国，为管仲创立。正如左言东在《中国政治制度史》一书中所说："齐桓公任用了出身低贱且有一箭之仇的管仲为相，总理国政，权力在高子、国子之上。这是一项有重大意义的政治制度的变革，是中国宰相制度的开始。"（《中国政治制度史》，浙江古籍出版社1986年版，第88页）

桓、管时期，去古未远，原始民主的遗风所存颇多，君主专制尚浅，所以，在当时的齐国，宰相位高权重，主要有以下职责：

总揽枢要。宰相上承君令，下统群臣，为百官之长。

高傒墓

高傒，字白兔，谥号敬仲，又称高子。姜太公后裔，齐国上卿。

墓在临淄区齐国故城城北部。

制定行政法规。当国家宪法颁布以后，宰相有权制定行政法规，以保证宪法的贯彻与落实。

掌握军权。宰相出则为将，入则为相。管仲就是集相权与军权于一身的典型代表。

掌握外交权。宰相既可代君主参与会盟，也可以随君主或单独出使别国。

实际上，管仲还享有前述“富”、“贵”、“亲”三项特权，在当时的齐国实行的是开明有限君主制下的宰相责任制。

正是由于创立了这一制度，才使管仲的才能得以尽情发挥，从而辅佐齐桓公成就了一番霸业。

第三，创立中央“五官”制度。

在中央官制的改革方面，管仲遵循继承、创新的原则，在保留命卿、史官系统和宫廷官系统的同时，创立了“五官”制度。

“五官”的名称前已有之。据史载：黄帝时设五行之官，可见五官之说是相当古老的。然而，管仲创立的“五官制”并非对古代“五官”名称的简单承袭，而是在权力分化、损益扬弃、重新组合的过程中，使之

国子鼎

炊器。春秋时期。1956年山东省淄博市临淄区稷下街道尧王村西凤凰冢附近出土。现藏于山东省博物馆。

国子为齐国上卿，又称命卿。

不断具体、充实、完善、规范，从而形成一种崭新的富有特色的职官制度。它是齐国政治体制的一个有机组成部分。

当时，齐国所设的五官是：

主管司法的最高长官，名为“大司理”，宾胥无、弦子旗曾任此官。

主管军事的最高长官，名为“大司马”，王子城父任之。

主管经济的最高长官，名为“大司田”，宁戚任之。

主管外交事务的最高长官，名为“大行”，隰朋任之。

主管进谏、咨议的最高长官，名为“大谏”，鲍叔牙、东郭牙曾任此官。

齐古都临淄复原模型

（选自临淄区齐国历史博物馆内）

国子豆

食器。春秋时期。1956年临淄区稷下街道尧王村西凤凰冢附近出土。现藏于山东省博物馆。

“五官”各负其责，隶属宰相，构成了宰相责任制下的“五官制”系统。

“五官”制的创立，使各项具体工作职责分明，使国家的各项事务清晰而不庞杂，提高了办事效率，防止了人浮于事的不良现象，同时也是政令推行的重要保证。

第四，创立地方“国”“鄙”行政制度。

在地方上，管仲创立了“国”“鄙”并行的两套行政系统。据《国语·齐语》记载：桓、管时期，齐国先后实施了“叁其国”和“伍其鄙”的行政区划。也就是说，首先从整体上将全国划分为两部分，即“国”(国都)和“鄙”(国都以外的广大农村)。然后把国都分为士、工、商三类居住区进行管理，谓之“叁其国”；把农村分作五部分管理，谓之“伍其鄙”。

国都内的行政区划分为轨、里、连、乡四级行政单位。具体说来是五家为一轨，十轨为一里，四里为一连，十连为一乡，分别由轨长、里司、连长、乡良人(或乡大夫)负责。在国都内，把国政分为三项，确立三官的制度。官吏中设立三宰，即三卿，掌管群臣；工匠设立三族，市井设立三乡，掌管工、商业；另外还设立三虞的官

国子壶

酒器或水器。春秋时期。1956年山东淄博市临淄区稷下街道尧王村出土。现藏于山东省博物馆。

职，专管川泽水产；设立三衡的官职，管理山林的有关事务。

国都以外的农村地区，分为五个属。其行政区划分为邑、卒、乡、县、属五级。具体地说是三十家为一邑，十邑为一卒，十卒为一乡，三乡为一县，十县为一属。分别由邑司、卒长、乡良人、县帅、属大夫负责民事管理和行政工作。五属大夫直接对宰相和君主负责。

三选之法
（壁画。选自临淄区管仲纪念馆）

第五，创立“三选之法”。

西周时期实行的是以宗法为原则的世卿世禄制度。进入春秋之后，这一世官制度已不完全适应齐国政治的需要了。在这一背景下，管仲创立了“匹夫有善，可得而举”的选官制度。

据《国语·齐语》记载：管仲通过立法的形式，规定乡大夫有荐举贤才的职责：“有居处为义好学，慈孝于父母，聪慧质仁，发闻于乡里者，有则以告。有而不以告，谓之蔽明，其罪五。”“有拳勇股肱之力秀出于众者，有则以告。有而不以告，谓之蔽贤，其罪五。”其具体做法是：乡长推荐人才，长官考评，齐桓公亲自策问，然后任用，称为“三选”之法。地方官吏如果埋没压制人才，就以“蔽贤”“蔽明”罪论处。

管仲所创立的“匹夫有善，可得而举”的选官制度，打破了世官世禄制和用人唯亲的陈规。下层的士人有善行或治国才能者，便可被授任

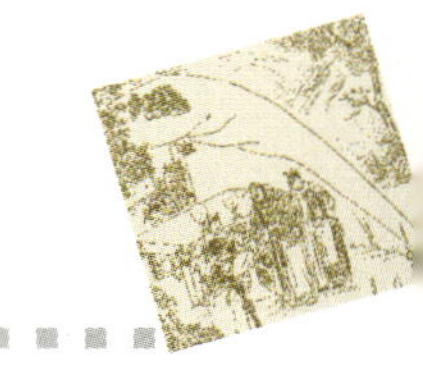

中国宰相馆

管仲创立了中国的宰相制度，为中国第一相。因管仲而建中国宰相馆。

位于临淄区管仲纪念馆内。

官职。如管仲拔宁戚于饭(喂)牛之中，就是一例。授官以能、授爵以功、循名责实、赏罚分明的用人政策，开辟了下层人士参加政治的渠道。

第六，建立监督监察制度。

为了保证政令的顺利推行和督促官吏尽职尽责，管仲还制订了一套行之有效的监督制度，那就是在中央设“五横”，地方设“吏啬夫”等官，以司监督官吏之职。

横，同衡，为纠察之官。管仲针对“五官”的设置，设立了“五横”，使五官各有其“横”，即受到督察。对此，《管子 · 君臣上》说：“在上面设立五官以治理人民，民众就不敢越轨行事了；在下面设有五衡之官以纠察官吏，执事官吏就不敢背离法制而行使职权了。”

在地方上，则设立“吏啬夫”，以督察地方官吏的所作所为，严防他们违法行政。

监督监察制度的建立，目的是督察各级各类官吏，以保证他们依法行政，按章办事，不能胡作乱为。其监督的主要内容有：国事、政事、讼事。对此，《管子·大匡》说："劝勉国事，无功而造成恶果；为政无治绩，无能力，田野又多荒废；办案骄傲轻忽，凡有此三条的，有罪无赦。"

与监督监察制度相联系，管仲还规定了考核和赏罚制度。只有对官吏的政绩按规定进行考核，优赏劣罚，才能褒奖清官循吏的嘉行，规范贪官污吏的劣迹，从而使整部国家机器得以正常运转。当时，齐国有一年两次的"校官"（即考核）制度。如《管子·立政》所说："正月初起，国君要亲自临朝听政，评定爵赏，考核官吏，一共用五天时间。腊月末尾，国君也要临朝听政，议定罚、罪、刑、杀，也用五天时间。"《国语·齐语》中也有类似的记载。

总之，管仲在政治上采取了一系列革新措施，从而使齐国政治出现了相对安定的局面，这是齐国发展经济、增强国力的重要保障。

经济改革

稳定社会也好，富国强兵也好，尊王攘夷也好，号令诸侯也好，没有强大的经济做后盾是无从谈起的。所以，管仲在革新政治的同时，在经济领域也进行了一系列的配套改革。

古代农耕图

（选自《齐文化丛书》第14册，齐鲁书社1997年版。）

↑商代农具铜铲

（选自《齐文化丛书》第14册，齐鲁书社1997年版。）

先看农业方面的改革。

农业改革之一是推行“均田分力”的土地政策。

众所周知，土地是农业生产的基础和先决条件，是农民赖以为生的根本。正因如此，所以土地是关乎民生、关乎政事、关乎整个社会的大问题。对此，《管子》有很多论述。比如，《牧民》说：“国家财力充足，远方的人们就能自动迁来；荒地开发得好，本国的人民就能安心留住。粮食富裕，人们就知道礼节；丰衣足食，人们就懂得荣辱。”《乘马》说：“土地是政事的根本。所以，土地可以端正政事，土地制度不公平合理，政事活动就无法正常开展。没有正常的政事活动，各种经济活动也就无法进行了。”因此，管仲的农业改革首先从土地制度切入。

当时，齐国土地存在的最大问题是井田的疆界遭到了破坏，农民占有土地出现了不均，农民实际占有土地与田薄登记土地严重不符，并由此带来田税征收不公，因而影响了国家的财政收入。

为了解决上述问题，管仲毅然推行了“均田”“授田”制度。所谓“均田”，就是《管子》中所说的“井田畴均”，又叫做“均田分力”。均，就是公平折算；力，就是致力于农事。它是在重新丈量、规划土地疆界的前提下，根据土质的好坏公平合理地折算后，把土地直接分给农民耕种，又称为“授田”。这种“授田”，除了把“私田”“份田”以及新开垦的田地分给农民外，还把一部分“公田”分给新增农户。

管仲的土地制度改革至少带来以下三项可喜的成果：

其一，农民占有土地的时间延长了。过去是“三年一换土易居”，现在改为“三岁修封，五岁修界，十岁更制”，也就是十年轮换一次了。这一改革，不仅避免了农民的短期耕作行为，使生产者乐于投入，改田养地，增强生产的后劲，而且有助于水利建设和土地保养，使农业生产持续稳定地发展。

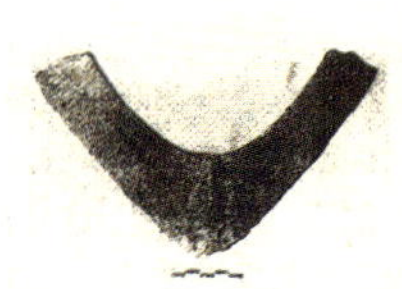

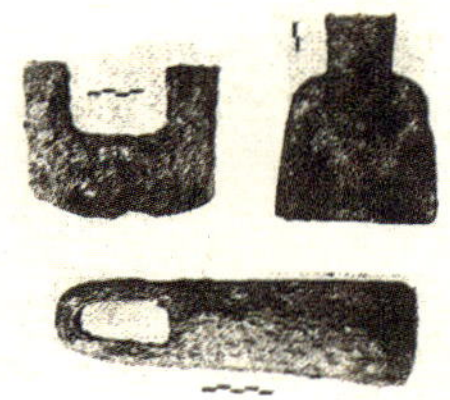

春秋战国铁制农具
（选自《齐文化丛书》第14册，齐鲁书社1997年版。）

其二，农民受田面积有所扩大。齐国在土地制度改革后，变公田的劳役制为租税制，这不仅增加了农民实际占有的土地，而且还增强了农民耕作时间的自由性和种植形式的自主性。农民因此焕发了劳动热情，取得了更多的劳动成果。

其三，由于实行地租分成制，农民在缴纳赋税后，可以保有其余部分。因分租比例固定，丰年不增加租率，多产即可按比例多得；歉年不降低租率，农民须尽力生产才可改善生活。这样的均田分力政策，激发了农民的生产积极性，达到了地尽其利、民尽其力的效果。如《管子·乘马》所说：“把土地分下去，实行分户经营，可以使人民自己抓紧农时。他们会知道季节的早晚，光阴的紧迫和饥寒的威胁。这样，他们就能够早起晚睡，父子兄弟全家关心劳动，不知疲倦并且不辞辛苦地经营生产。而不把土地分配下去的害处是：地利不能充分利用，人才不能充分发挥。不告知农时，人民就不抓紧；不教以农事，人民就不干活。实行了与民分货的制度，人民就切实看到有得有征了；再明确征收的标准，人民就会尽力了。于是，不必督促，

商代农具铜斧
（选自《齐文化丛书》第14册，齐鲁书社1997年版。）

父子兄弟都会来关心生产了。"

农业改革之二是实行"相地而衰征"的新租税制。

所谓"相地"，就是观测评定土地，以区分土地的肥瘠优劣；所谓"衰征"，就是按土地等级征收不同额度的赋税。

在管仲改革之前，土地不分好坏，一律按田亩征收同等税额，很不公平，不仅挫伤了农民的生产积极性，同时也给国家的税收带来困难。因此，管仲推行这一新的税收制度。

相地而衰征的过程大约分为两个步骤。

首先是"相地"，又称"正地""相壤"。《管子·乘马》中说："对土地不可不加以整顿。整顿土地，其实际可耕的数字，一定要进行核正。长的要核正，短的要核正，大的要核正，小的要核正，长短大小都要核正准确。土地不核正准确，官府就无法治理；官府无法治理，农事就办不好；农事办不好，物资就不会丰富。"管仲不但主张对土地的长短、大小、宽狭等方面进行测量核正，而且进一步要求从肥瘠的不同出发，对土壤进行质的区分，把土地分为上壤、中壤、下壤三级。管仲还依据自然地理情况，划分为田地、丘陵、山地三类，并按地势、山泉、谷、木、草出产分为二十五种地，又把上土、中土、下土各分为三十种。

管仲主张在测量了地块的大小、评定了土壤的好坏之后，以可耕地为标准，将山林、川泽、旱地、涝洼地等折合计算。《管子·乘马》说："对于不生产五谷的土地和没有树木的荒山，百亩折合成一亩可耕地。干枯的沼泽，也是百而当一。不生长草木的土地，百而当一。荆棘丛杂无法进去人的土地，也是百而当一。芦荡草泽，但可以带上镰、绳进去采伐的，九亩折合一亩。丘陵，其树木可以当材料，可以做车轴，而且人们带上刀斧可以进去采伐的，也是九而当一。高山，其树木可以做棺，可以做车，而且人们带上刀斧可以进得去的，十亩折成一亩。水流，可以下网捕鱼的，五亩折合成一亩。森林，其树木可以做棺，可以做车，而且刀斧能进得去的，也是五而当一。湖泽，可以下网捕鱼的，也是五亩折成一亩。这就叫做：以可耕地面积的实数对土地进行折算。"又说："一仞见水的土地，要减轻租税的十分之一，二仞减收十分之二，三仞减收十分之三，四仞减收十分之四，五仞则减半，相当于山地。至于五尺见水的土地，减税十分之一；四尺的减十分之二，三尺的减十分之三，二尺的减十分之四；而一尺见水的土地，就相当于沼泽了。”

其次是按土地的不同等级制订相应的收税标准。测量土地的大小也好，将山川林泽旱涝等地折合成可耕地也好，目的都是为了征收租赋有一个统一的标准。

另外，还有视年成丰歉而“衰征”的规定。对此，《管子·大匡》说：“收农赋用粮食数量登记，按土地肥瘠分别征收。两年收税一次，丰年收十分之三，中年收十分之二，下年收十分之一，荒年不收，待年景饥荒情况缓解后再收。”这种税收标准和征收措施是依据具体情况而定的，在一定程度上是合理的。

农业改革之三是推行“勿夺农时”“赋役有度”的政策。

农业是国民经济的重要部门，而农业生产又有着与其他行业不同的特点，即季节性强。另外，农业生产还具有产出率低的特点。依据这两个特点，统治者必须采取“勿夺农时”的政策，以保证农业生产的正常进行。同时，又要“赋役有度”，以保护农民的生产积极性。

管仲清醒地认识到，农业生产的季节性很强，农时对农业、农民来说非常重要，抓住了它，就会丰产丰收；失去了它，就会减产歉收。正如《乘马》所说的那样：“农时对于农事来说是非常宝贵的，不能把它收藏起来使之停止不前。所以说，今天不进行生产，明天就会没有财物。过去的时光，一经消逝就不会再回来了。”《臣乘马》也说：“不夺农时，故五谷兴丰。”

管仲清醒地认识到，耕作有时，民力有限，繁重无休止的赋役，既

陶马厩

冥器。东汉时期。泥质灰陶，平面呈长方形。1984年临淄区金岭镇东汉砖室墓出土。现藏于山东省文物考古研究所。

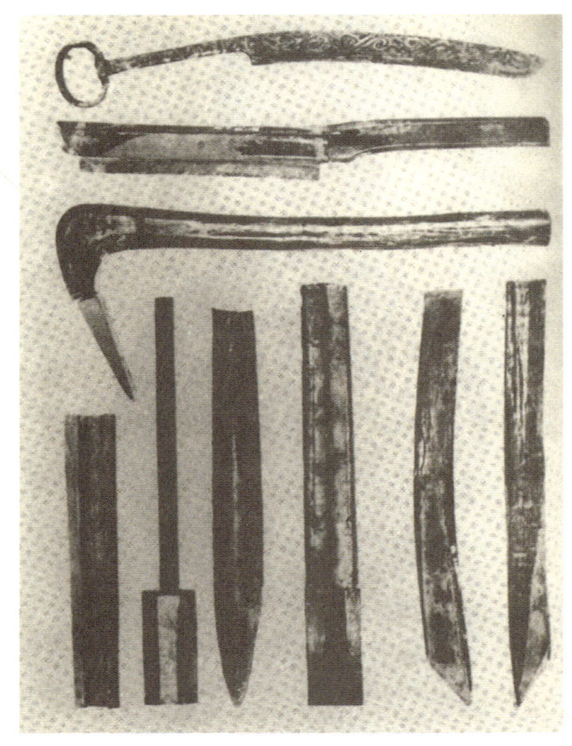

↑齐国手工业者工具

（选自《齐文化丛书》第14册，齐鲁书社1997年版）

→白陶单耳杯

大汶口文化时期。藏于临淄区齐国历史博物馆。

↓彩绘单耳高柄杯

大汶口文化时期。藏于临淄区齐国历史博物馆。

会使民力枯竭，也会使农业失去所需要的人力和宝贵的时光，危害很大。《管子·权修》说："土地生产财富，受时令的限制；人民花费劳力，有疲倦的时候。但是人君的欲望则是无止境的。以'生财有时'的土地和'用力有倦'的人民来供养欲望无穷的君主，这中间没有一个合理的限度，上下之间就会互相怨恨。"为此，管仲主张取民有度，用民有时，不以繁重的赋役影响农业的发展。

为了保证农事的顺利进行，管仲强调，在春季农忙时节，国家要颁发各种政令，赦免罪轻的人，放出拘押的人，调解纠纷，为的是及时完成农事，致力于粮食生产。

在夏季时节，奖赏各种有德的行为，加爵禄，提官职，礼敬孝悌卓著的人，替艰苦劳动的人免除赋役，为的是鼓励人们努力工作。

管仲还进一步提出，为了配合农民适时播种，国家要在春耕到来之际准备好各种农耕器具，以供贫穷农户租借，即所谓“力出于民，而用出于上”，以帮助贫困农户进行春耕生产，并且要向农民发放贷款，确保春耕的顺利进行。

为了保证不误农时，使百姓安心农业生产，保护环境，管仲还强调，国家必须对采伐山林、下水捕鱼等做出规定，颁布禁令。《管子·八观》中说：“山林虽广，草木生长虽好，封禁开发必须有定时；国虽富裕，金玉虽多，宫室兴建必须有节制；江海虽宽，池泽

↑彩陶罐

大汶口文化时期。藏于临淄区齐国历史博物馆。

←红陶鬲

龙山文化时期。藏于临淄区齐国历史博物馆。

↓黑陶列盆

龙山文化时期。藏于临淄区齐国历史博物馆。

鸟喙足黑陶列鼎
龙山文化时期。藏于临淄区齐国历史博物馆。

虽大，鱼鳖虽多，捕鱼之业必须有官管理，船网之民不可只依靠单一财路来维持生活。这并不是对草木、鱼鳖有偏爱，而是怕人民荒废了粮食的生产。所以说，先王限制上山采伐，下水捕鱼的活动，为的就是使人民专务农业生产。”

再看工商业方面的改革。

工商业改革之一是实行“官山海”的政策，保证国家的利益和经济的稳定。

所谓“官山海”，就是国家垄断山与海的重要资源盐和铁。盐和铁是人们生活、生产中所必不可少的，在国民经济发展中具有举足轻重的地位和影响。国家掌握控制盐、铁等山海自然资源，就牢牢地控制住了国家的经济命脉，甚至可以不用税敛百姓而用度自足。如果将这些关系国计民生的产业完全交给私人经营，则利益必为私人所得，而国家受损。鉴于这种原因，管仲主张国家控制盐、铁等的生产与销售。其具体做法是：

对于盐，实行国家全部专卖和部分专卖两种制度。全部专卖是制、收、销全部由国家经营；部分专卖是收、销由国家负责，而盐由民自制。对于制盐，国家应从经济发展的全局考虑，使之不能影响农业生产，规定制盐的时间。《管子·轻重甲》说：“十月始正，至乎正月。”农忙时应下令停止，“阳春农事方作，不得聚集雇工煮盐”，以免影响农业生产。这样，国家通过操纵盐价，从中“阴夺其利”。

对于铁，实行开矿冶铁交由人民，国家根据自然资源属于国有的原则向生产者征收租税，然后再实行统一收购和销售。

对于森林等其他自然资源，国家也要加以控制。山林之地生产木材，也是国家和人民共同所需，国家要谨守山林、川泽、草莱等自然资源，既能满足人民对木材的需要，又能增加国家的财政收入。《管子·轻重甲》说：“故为人君而不能谨守其山林菹泽草莱，不可以立为天下王……山林、菹泽、草莱者，薪蒸之所出，牺牲之所起也。故使民求之，使民藉之，因以给之。”

“官山海”的政策是通过交换方式来获取利润，它是“见予之形，不见夺之理”（《管子·海王》），通过专卖获取税收，是寓税于价的间接税。这种间接税比较容易为人们所接受。

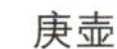

庚壶

酒器或水器。春秋中期。高31.6厘米，高颈，长圆腹，口沿外饰有宽带纹，肩、腹以凸弦纹为界，肩两侧饰铺首衔环。庚为齐国贵族。现藏于台北故宫博物院。

工商业改革之二是制定优惠政策，大力发展商业和对外贸易。先秦齐国自姜太公始，便确立了“通工商之业，便渔盐之利”，“劝女工，极技巧”，即优先发展工商业的基本国策。从此以后，工商立国的精神在齐国便代代相传，并不断发扬光大。到了管仲时期，齐国的工商文化闪耀出更加夺目的光辉。正如《史记·管晏列传》所说：“管仲既任政相齐，以区区之齐在海滨，通货积财，富国强兵。”又说：“其为政也，善因祸而为福，转败而为功。贵轻重，慎权衡。”

公孙灶壶

酒器或水器，又名公子士父壶。春秋晚期。通高29.5厘米，口径8.5厘米，足径10厘米。公孙灶，齐惠公之孙。1963年山东省潍坊市临朐县杨善乡出土。现存在山东省博物馆。

管仲十分重视商品流通的作用。他认为：“聚者有

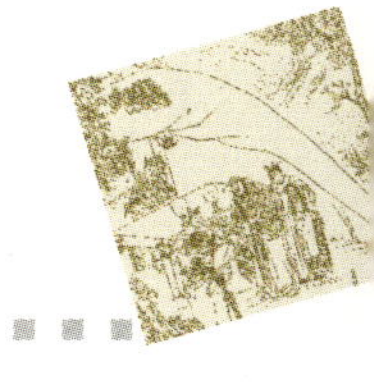

国差𦉜

酒器。春秋中期。高34.6厘米，敛口，短颈，阔唇，底圆近平。唇口有一字，肩部饰铭文10行52字。记国差主政时期工师铸此器之事。国差，春秋齐卿。现藏于台北故宫博物院。

市”“无市则民乏”。这是因为人民的日常生活必需品都必须依赖于市场交换，没有市场就无法满足人民的需求。他进一步认为，市场又是标示万物价格的场所，所以“市者可以知治乱”。管仲甚至把商贸提高到“御天下之道”的高度来看待。《管子·国蓄》说：“凡将为国，不通于轻重，不可为笼以守民，不能调通民利，不可以语制为大治。”

既然商业贸易在国民经济中具有如此重要的地位，为了富国富民，就必须重视商业贸易的发展。管仲不但重视国内贸易，而且重视对外贸易，因为通过对外贸易，可以调节货物的余缺，可以解决缺粮地区的粮食问题，可以解决皮、干、筋、角之类的物资收购问题，可以招揽外商、聚集天下的财源，从而为国家谋取利益。

为了发展商业，鼓励贸易，管仲制定了一系列优惠商贾的政策和措施。

首先实行对商业贸易的减税或免税政策。对此，《管子·问》篇说：对于外国客商，“征了关税的，就不征市场税；征了市场税的，就不征关税。……对于徒步背负商品到市场交易的小商小贩们要免税。”即便征税，税率也很低。据《管子·大匡》记载，齐桓公即位十九年，一再降低关税，至于“五十而取一”。为了进一步加大吸引外商和外资的力度，管仲甚至主张免税。如《管子·霸形》所说：对于客商，齐国在“关卡

齐叔姬盘

水器。春秋早期。通高14.5厘米，口径46厘米，重11.26千克。口沿平折，双附耳，浅腹，平底，矮圈足。器内底铸阴文4行22字。做器者为齐昭公夫人。现藏于台北故宫博物院。

只检查一下运来的是什么货物而不征税，在市场上只登记一下货物及其数量也不课税。以此对近处表示忠信，对远处表示礼义。这样实行了几年，客商纷纷来到齐国，竟像流水入海一样多了。”

其次是设立驿站，接待过往的外国使节和商人。据《管子·大匡》载：齐国“每30里路设置一个驿站，贮备好丰富的食品，委派官员专门管理。凡诸侯各国来齐国交涉办事的官员和做买卖的商人，都派专人接待照应，用车替他们负载行装。若是住宿，派人替他们喂养马匹，并设宴招待。来客与管理者各执契券，客至本国要交契费。待客礼仪与收费数目如有不周和不当，要对管理者问罪。”

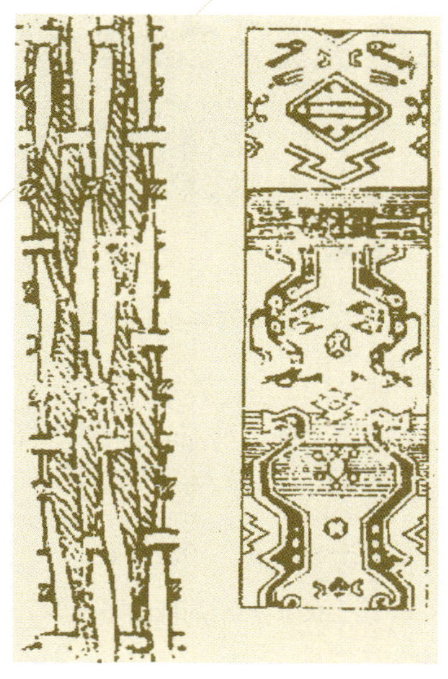

↑“辫子”股制绣花纹复原图

（选自《齐文化丛书》第14册，齐鲁书社1997年版）

←战国丝织品图纹

（选自《齐文化丛书》第14册，齐鲁书社1997年版）

再次，建设宾馆，为外国商人提供优质优惠服务。《管子·轻重乙》载管仲语：“请下令为各诸侯国的商人建立客栈，规定拥有四匹马驾一车的商人，免费吃饭；有十二匹马驾三辆车的商人，还外加供应牲口的草料；有二十四马驾五辆车的大商人，再给他配备五个服务人员。”

工商业改革之三是铸造钱币，调整物价。

管仲十分清楚货币在国家经济发展中的重要作用，他说：“先王运用货币，以守财物，以御民事，而平天下。”（《管子·国蓄》）他主张国家掌握货币的铸造与发行权，然后通过货币的收放来调整主要商品的价格，从而间接影响其他商品的价格。如果国家不注意运用货币进行宏观调控，而听任市场价格的大起大落，暴涨暴跌，将会直接导致损害生产者和消费者的利益，甚至影响人民的生活和社会的安定。

清代纺织机具
（选自《百年商埠周村》，山东画报出版社2004年版）

管仲还强调，国家运用货币调整物价，必须以掌握一定的物资和货币为前提，而绝对不能随意滥发货币，以免造成市场的混乱，形成通货膨胀。

通过上述改革，齐国的经济得到了全面发展。主要表现在以下几方面：

第一，农业生产的发展。

国土的扩大和荒地的垦辟为齐国农业发展打下了坚实的基础。在此基础上，管仲采取了一系列保护农业生产的措施，并大力兴修水利，从而使齐国农业发展水平迅速提高，在当时诸侯国中居于领先地位。

齐国农业发展的另一个重要表现是粮食的增加。管仲以前，齐国农业的单产量和总产量都比较低，以至于粮食不能自给，不得不从外国进口粮食。齐桓公曾说："吾国者，馈食之都。"(《管子·度地》)管仲时期，由于铁农具的出现和广泛使用，耕作技术的改进，国土的扩大和土壤的优化，"相地而衰征"等一系列改革措施的推行，农民的生产积极性提高了，粮食产量大大增加。有人推算，管仲时期，齐国的粮食(粟)平均亩产量为90斤，从而出现了"粟如丘山"的可喜景象。齐国一下子由原来的粮食输入国变为粮食输出国。如，齐桓公二十年(公元前666年)，鲁国遇到了水灾，庄稼颗粒无收，于是派臧孙辰来齐国购买粮食。

在古代，人口的众寡直接制约着经济尤其是农业的发展。所以古代统治者向来以人口增殖为国家兴盛之标志。太公封齐时，齐国“少五谷而人民寡。”于是太公修政治国，“人民多归齐”。不过，直到管仲改革前夕，齐国人口都不可能有较大幅度的增殖。桓、管称霸，扩张领土，发展生产，推行“来民”、“留民”、“富民”、“教民”政策，因而人口大大增加了。据《国语 · 齐语》记载：管仲相齐，“叁其国而伍其鄙”，“制国以为二十一乡”。每乡2000家，计4.2万家；鄙有五属，计45万家，国鄙合计49.2万家，若以五口之家计，齐国就有246万人。这当然是一个保守数字。

第二，手工业生产的发展。

齐国在冶铜、冶铁、纺织、制陶及漆器等方面有着悠久的历史，到了管仲执政时期，又有了长足的发展。

早在龙山文化时期，齐地先民东夷人就发明了冶铜技术。春秋时期，齐国的制铜业已相当发达了。主要表现为：其一，冶铜技术的进步。《考工记》有关于“六齐”配方和“冶炼火候”的描述。其二，出土青铜器数量的庞大。1971年至1972年发掘的临淄郎家庄一号东周墓虽系多次被盗的残墓，仍给我们留下了青铜器精美珍品。又据《国语 · 齐语》载：“小罪谪以金分……美金以铸剑戟”，此之“美金”指的是青铜。可知当时齐国推行“金作赎刑”，并主要以铜为兵器。这都说明齐国的青铜业是相当发展的。

春秋时期，齐国已有了铁，而且铁器的使用已相当普及了。据《管子 · 海王》载：齐国“每一妇女必须有一根针和一把剪刀，然后才能做她的事；每一耕者必须有一张犁、一个铧和一把大锄，然后才能做他的事；每一个修造各类车辆的工匠，必须有一斧、一锯、一锥、一凿，然后才能做他的事。不具备上述工具而能做成上述事情的人，

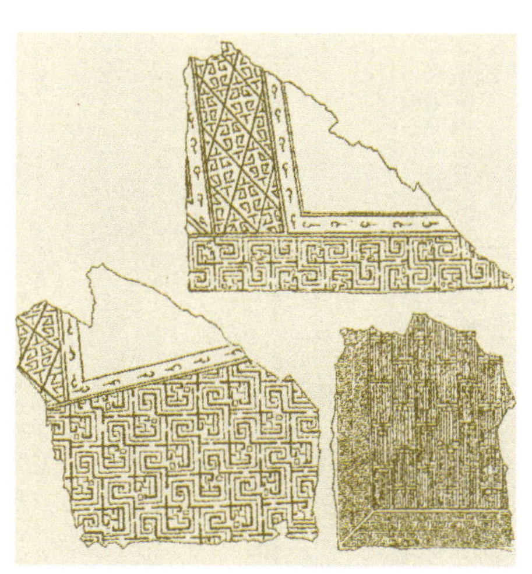

战国漆器图纹
（选自《齐文化丛书》第14册，齐鲁书社1997年版）

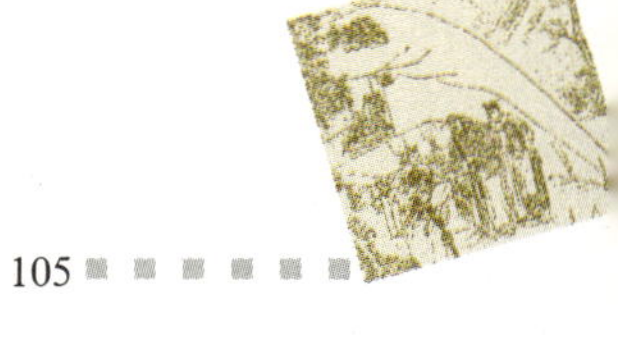

天下是没有的。”由此可见，铁工具的使用在当时的齐国已经很普遍了。

齐地宜桑麻，具有发展纺织业的良好条件。《史记·货殖列传》载：“太公劝其女工，极技巧。……故齐冠带衣履天下。”自西周以来，尤其是春秋时期，齐国纺织业在全国占有重要地位。这一点从考古发现中也可看出，郎家庄一号东周墓出土了大量的纺织品，主要是丝麻制品。丝织品主要有绢、锦、绨、缟、纱、缦、纨、绉、绮等，还有刺绣；麻织品是一平纹组织的麻布残片。从上述出土的丝织品和麻织品的织作技术看，春秋时期齐国的纺织水平相当高，足见其纺织业的发达。

齐地是我国古代陶器发源地之一。早在后李文化时期，这里就出现了专门从事制作陶器的手工业者。典型龙山文化时期生产的蛋壳陶把齐地的制陶业推向一个崭新的阶段。商末周初，齐地的制陶业继续向前发展。这主要表现在原始青釉陶器即石灰釉的出现。20世纪70年代中期在青州等地发掘的商代后期遗址中，发现了青釉豆等器物。春秋时期，这一技术又有了新的发展。青釉陶器表面有了一层薄薄的光亮，经分析，认为烧成温度可达1200度左右，已基本烧熔，于是出现了原始瓷器——青釉瓷。这在陶瓷史上具有划时代的意义。

漆器手工业在齐地齐国亦有悠久的历史。郎家庄一号东周墓出土的漆器残片是我国已发现的漆器中年代最早的一批。说明早在春秋时期，

穆陵关遗址

位于山东省潍坊市临朐县境内。《史记·齐太公世家》载：“（成王）使召康公命太公曰：‘东至海，西至河，南至穆陵，北至无棣，五侯九伯，实得征之。’”此指姜太公享有的征伐范围。春秋时期，穆陵关已成齐国的边关，查验进出口货物，征收关税，后来成为齐长城的一个重要关隘。

↑齐国手工作坊（壁画。选自临淄区齐国历史博物馆）

齐国就有了比较发达的漆器业。

同时，渔、盐业更是有了大的发展。太公之时，齐国就把发展渔、盐业作为基本国策之一。管仲继承了这一优良的经济传统，使渔、盐业的

齐国手工制陶模型（选自临淄区管仲纪念馆）

↓齐国手工作坊模型

（选自临淄区齐国历史博物馆）

产运销一体化，“通齐国之鱼盐于东莱”，“使鱼盐之利，通输海内”。这样，就大大提高了渔、盐业生产的效益。

第三，商品经济的繁荣。

青石关路面遗址

青石关有一条贯通齐鲁的大道。由于齐鲁交往、商贸频繁，路上车水马龙，青石路面被碾出了两道深深的印痕。

青石关遗址
齐长城的一个重要关隘。位于山东省淄博市博山区境内。

自姜太公始，齐国就高度重视商品经济的发展。这一优良传统由管仲发扬光大。据《史记·齐太公世家》载："桓公既得管仲，与鲍叔、隰朋、高傒修齐国政，连五家之兵，设轻重鱼盐之利……"春秋时期的齐国，商业已相当发达了。《国语·齐语》载：管仲规划齐都，把临淄分为二十一乡，其中就有三个商乡。可见，当时齐都临淄已是有名的商业中心了。

不仅城市拥有发达的商贸业，即便在广大的农村，也是集市棋布。正如《管子·乘马》所说："方六里，命之曰暴，五暴命之曰部，五部命之曰聚。聚者有市，无市则民乏。"

齐国的对外贸易始于立国之初。《盐铁论·轻重》说："昔太公封于营丘，辟草莱而居焉，是以邻国交于齐，财畜货殖，世为强国。"管仲时期，齐国的外贸迎来又一次大发展。《国语·齐语》说："通齐国之鱼盐于东莱，使关市几而不征，以为诸侯利，诸侯称广焉。"这从一个方面反映了齐国对外贸易的发达。另一个方面则是富商大贾的出现。对此，管子说："富商、蓄贾……都是我们国家的富豪。"又说："故万乘之国，有万金之贾，千乘之国，有千金之贾。"（《管子·国蓄》）据研究，当时的齐国与燕国之间，不仅有陆地贸易，而且还有海上贸易。

齐国商品经济繁荣的一个很重要的标志就是铸币业的高度发达。齐国的货币是刀币。据考证，春秋时期齐国的刀币有齐之法化、安阳之法化、即墨之法化、谭（莒）邦之法化四种。齐刀币不仅品种多，而且流通量也很大。据统计，截至1991年，共出土齐刀币9081枚。这些出土的铸币有着独特的造型，质量亦属上乘，领先于当时其他诸侯国的水平。

军事改革

管仲革新政治、经济的同时，在军事上也进行了改革。因为在诸侯竞霸、列国纷争的环境中，如果没有强大的军事力量作为保障，那么社会的稳定、经济的发展就成为空谈。政治、经济、军事之间是相互联系、相互影响、相得益彰的。

管仲的军事改革首先是完善指挥系统。

管仲建议齐桓公把全国的军队分为三军，由齐桓公本人率一军，齐国的两个命卿高子、国子各率一军。对此，《管子·小匡》说："建立高子所管辖的里、国子所管辖的里和齐桓公亲自管辖的里，三分齐国，组建三个军。……三军中有中军（桓公亲自率领）的鼓，有高子的鼓，有国子的鼓。"在三军里边，又有层层负责的将官，直接听从上级的指挥。这样就保证了号令的贯彻和执行。

管仲还明确规定了兵主和将帅的职责。兵主必须具备修整器械、精

高子戈

兵器。春秋时期。长胡三穿，近穿处有阴文"高子戈"三字，是临淄区出土的重要兵器之一。戈长29厘米，宽2.7厘米，内5.6厘米。1970年临淄区敬仲镇白兔丘村南高傒墓附近出土。现藏于临淄区齐国历史博物馆。

"锺"字戈

兵器。春秋时期。在内穿上的一边铸有"锺"字。长23.5厘米，援14.5厘米，宽6厘米。现藏于临淄区齐国历史博物馆。

选良将、教练士卒、组织编制、知己审彼及应权达变的能力；将帅必须精通行军、布阵、安营、扎寨等，必须善于选择有利的地理环境，以利于胜敌。

管仲的军事改革之二是稳定兵源、寄军于政。

管仲的强兵之策，不是一般的正卒伍，修甲兵。因为那样一搞扩军备战，"则大国亦将正卒伍，修甲兵，则难以速得志矣。君有攻伐之器，小国诸侯有守御之备……"(《国语·齐语》)意思是说，齐国如果公开地加强军备，势必会引起各诸侯国的军备竞赛，这样，就难以达到预期的目的。因而管仲主张"事可以隐令，可以寄政"，即可以将军备完成于隐秘之中，把军事寄托于国政之间，这样的话，邻国就无从知道齐国

金樽铜戈

兵器。西汉时期。长胡三穿，援微曲，内上近胡处贯串一筒形金樽，顶饰一只回头鸳鸯。为汉初齐王室用仪仗兵器。长22.5厘米，樽长11.9厘米。1979年临淄区大武汉齐王墓陪葬坑出土。现藏于山东省淄博市博物馆。

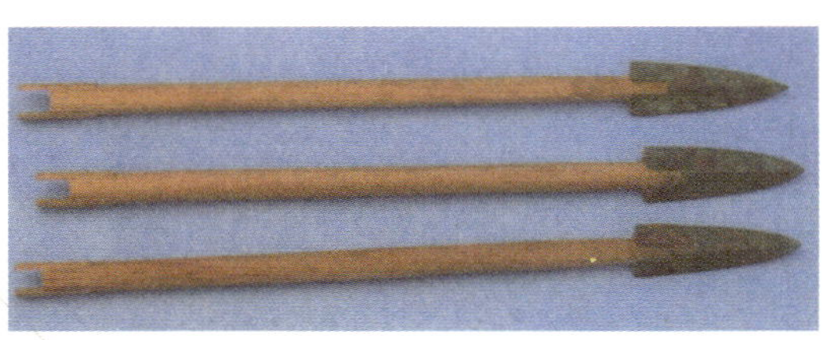

箭镞 春秋时期齐国箭镞。

的强军计划与行动了，这就是“作内政而寄军令”。

根据“作内政而寄军令”的原则，管仲实行了“叁其国而伍其鄙”的行政区划，这不是一般的行政区划，而是一种军事政治一体化的制度。这一军事体制与行政系统的配套方式是：“是故五家为轨，五人为伍，轨长率之；十轨为里，故五十人为小戎，里有司率之；四里为连，故二百人为卒，连长率之；十连为乡，故二千人为旅，乡良人率之；五乡一帅，故万人一军，五乡之帅率之。三军，故有中军之鼓，有高子之鼓，有国子之鼓。”（《管子·小匡》）意思是说，行政系统的每轨出五人组成军事系统的“伍”，每里出五十人组成“小戎”，每连出二百人组成“卒”，每乡出两千人组成“旅”，每帅出一万人组成“军”，齐国共有三军，分别由齐桓公、国子、高子统率。

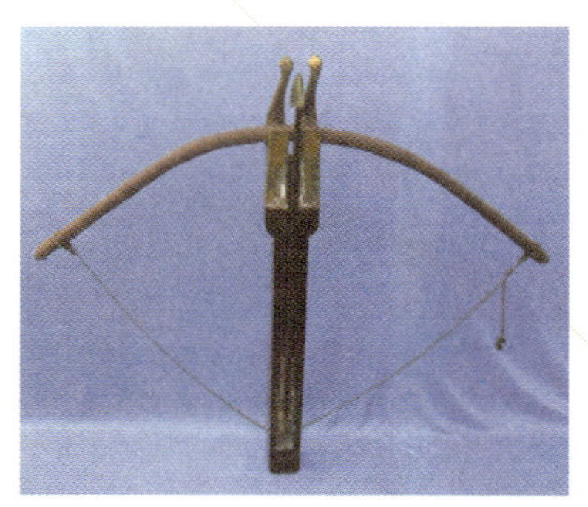

弩机 战国时期齐国兵器。

管仲的军事改革之三是加强军事教育和训练。

《管子·兵法》载：管仲对军事教育和训练也有严格的规定，即所谓：动慎“十号”，明审“九章”，饰习“十器”，善习“五教”，谨修“三官”。

“三官”是指鼓、金、旗三种指挥信号工具，它要求士兵对其所传达的信号必须做到熟知无误，以使兵法在战场上发挥作用。鼓是为了作战，为了鼓励士气，为了进攻而用的；金是为了防守，为了退兵，为了停止战斗而用的；旗是为

驽弓箭兽纹瓦当 战国齐国瓦当。

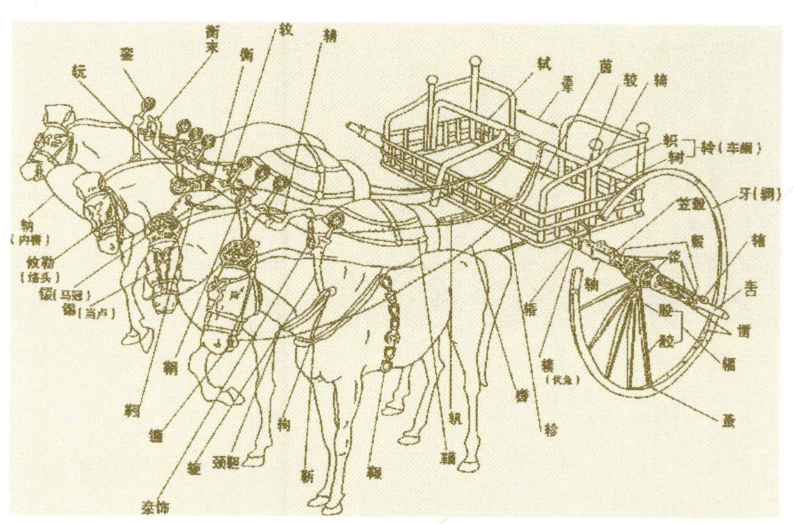

古代车马示意图
（选自《齐都文物》，百花文艺出版社2006年版）

了出动军队、指挥军队、停息军队而用的。将士只有熟悉信号，才能行动一致。

“五教”：一是教战士眼看各种形色的旗帜，二是教战士耳听各种号令的数目，三是教战士前进后退的步伐，四是教战士使用各种长短的武器，五是教战士知道赏罚制度的必行。五教熟练，战士就有勇气作战了。

“九章”：一是举日章，白日行军。二是举月章，夜里行军。三是举龙章，水里行军。四是举虎章，林里行军。五是举鸟

↑古代车马石刻拓片
（选自《齐文化丛书》第14册，齐鲁书社1997年版。）

←商代曲衡车
（选自临淄区中国古车博物馆）

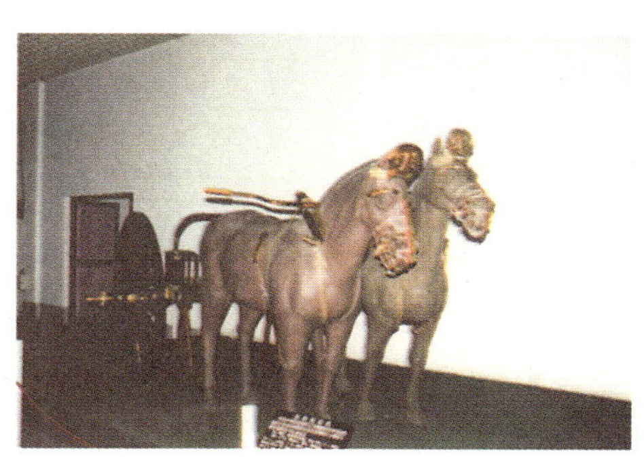

↓西周曲衡车
（选自临淄区中国古车博物馆）

春秋战车
（选自临淄区中国古车博物馆）

章，丘陵行军。六是举蛇章，沼泽行军。七是举鹊章，陆上行军。八是举狼章，山上行军。九是举弓衣文章，表示要载上粮食驾车而行军。“九章”确定后，军队的动静行止就会统一有序了。

“十器”指各种武器。

“十号”指各种号令。

三官、五教、九章、十器、十号训练是军队的基础训练，有了这个基础后，才可进入“不可是”“不可数”的战术训练，做到使敌“径乎不知，出乎不意”，从而取得胜利。

↑战国时期战车
（选自闻人军著《考古论导读》，巴蜀书社1988年版）

→秦代车
（选自临淄区中国古车博物馆）

↓汉代车
（选自临淄区中国古车博物馆）

齐国的军事训练一般安排在春、秋两季，采用田猎的形式，叫做“春搜”“秋狝”。并且，在训练的过程中，注意对士卒进行感情和团队精神的培养。对此，《管子·小匡》载：“春天田猎，叫做‘搜’；秋天田猎，叫做‘狝’，用以训练兵士。所以卒伍之政在里内确定，军旅之政在郊野完成。内部教令告成，军令就不得再变。因此，卒

春秋车马坑
位于临淄区城东北。

伍的人，人与人相保，家与家相爱，年少同居住，年长同交游，祭祀互相祝福，死伤互相抚恤，祸福互相关切，居处互相娱乐，动作互相配合，哭泣互相哀悼。因此，夜间作战声音相闻，就可不乱；白天作战眼睛一看，就可以相识。欢欣的情谊足以互相殉死。所以，用来防守则阵地巩固，用来进攻则所向披靡。”

管仲的军事改革之四是“薄刑罚以厚甲兵”。

临淄中国古车博物馆
位于临淄区城东北。

有了强大的常备军，管仲又采取宽刑赎罪的办法来解决军备供应问题。据《管子·小匡》载：齐桓公说：“卒

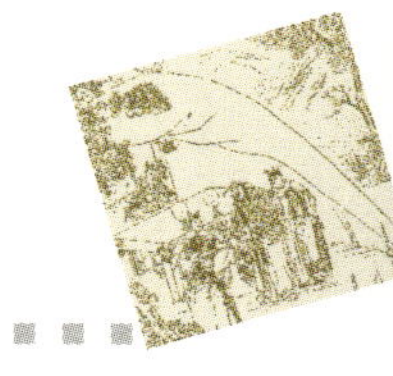

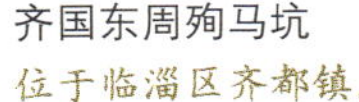

齐国东周殉马坑
位于临淄区齐都镇。

伍已定，事功已成，我想干预诸侯的事务，可以了吧?”管仲回答说：“不可以，关于军事，我既已寄寓于内政了，但齐国还缺少盔甲兵器，我想用从轻处理重罪的办法，把赎金用在盔甲兵器上。”齐桓公说：“具体怎么办呢？”管仲回答说：“规定犯重罪者交纳武器、盔甲、犀皮的胁部和两支戟，犯轻罪者交纳兵器架、盾牌、胸甲皮与两支戟，犯小罪者纳金属一钧半，宽宥薄罪，只纳金属半钧。至于没有冤屈而从事讼狱，官长再三劝禁不成而理不直者，则须交纳一支箭，以示惩罚。好的金属拿来铸造戈剑矛戟。”这样一来，齐国就“甲兵大足”，“羽旌不求而至，竹箭有余于国了。”

管仲的军事改革之五是注重军事科技，制造精良武器。

武器的精良与否也是影响战争胜负的重要因素。《管子·兵法》说：“能控制敌人，是武器精良的结果；使敌为我用，是教练最好的结果。不能使武器精良的，不能制敌；不能使教练最好的，不能使敌为我用。不能使敌为我用，我将陷于被动；不能使武器精良，我将陷于困境。”管仲进一步强调：“器不盖天下，不能正天下。”

为了保证精良武器的制造，管仲注重调查、启用高水平的工匠。《管子·问》中说：“士人，国家急难时可供使用的，有多少人？工匠，其技术战时可以协助军旅，平时维修城郭、补充守备者，有多少人？”

管仲对武器的管理和检查也非常重视。工匠制造出兵器后，需通过严格检查，方能入库。对于兵器的检查情况，《管子·问》中说："大夫呈报的武器：甲胄、兵器、兵车、旌旗、鼓号、帐篷以及帅车的车盖有多少？所呈报的各项藏器：弓弩的套袋、剑矛的外鞘、钩弦的收藏器、戈戟的套衣，其磨损程度如何？其中应修而未修的，应怎样查看？制造、维修的馆舍，发放、储藏的处所，应建而未建的，还等待什么？乡、卒修造战车和辎重车的，其修缮情况如何？……冬天，完整良好的兵器必须造足。人们所有的剩余兵器，都要陈放在兵营，以严法纪。"

总之，管仲通过军事改革，组建了一支训练有素、装备精良的军队，为齐国的霸业提供了军事保障。正如《管子·小匡》所说："国君有这样经过教练的士兵三万人，用来横行于天下，惩治无道之国，安定周室，天下大国的君主就谁也不能加以限制了。"

尊王攘夷

管仲平生确立了两大目标：其一，对齐国而言，是富国强兵，重振大齐雄风；其二，对天下而言，是争霸诸侯，开创霸业新时代。

这是时代赋予管仲的重任。因而，管仲的功业及其历史价值也就集中反映在这两大目标的实现过程中及其实现程度上。富国强兵的目标已经实现了；接下来便是创建霸业。

管仲创建霸业是在"尊王室""攘夷狄"的旗帜下进行的。

平王东迁后，虽然王室式微了，但至少在人们的心理和道义上，周天子仍然是天下共主，不仅不可随意侵犯，而且还有很强的号召力和凝聚力。管仲正是看准了这一点，才响亮地提出了"尊王"的政治口号。

尊王必须攘夷。因为在当时的人们看来，夷狄非我族类，其心必异。华夷之辨乃当时华夏族的一种共同心理。事实上，被泛称为"夷"的周边少数部族经常骚扰周王室，进犯中原地区，已经严重地威胁到华夏族的生存。所以，除大力维护周王室的权威外，还需联络中原各诸侯国，共同抗击戎狄对中原诸侯国的侵袭。

"尊王攘夷"是管仲用来取得霸权的最重要的战略和策略。因为"尊

王”可以收到挟天子以令诸侯的效果，而“攘夷”则可以凝聚各诸侯国的力量，取得广大华夏族的拥护。

管仲任相以来，一直以“尊王”为号召，以突出周王室的地位、维护周天子的权威和利益为己任。如“命燕君复修召公之政，纳贡于周，如成康之时。”(《史记·齐太公世家》) 召陵会盟中责问楚国“苞茅不入、王祭不供”，“昭王南征而不复”(《左传·僖公四年》) 等。除此之外，更为重要的是当周王室受到内外侵害时，管仲便积极地率兵拱卫王室，恢复王室秩序。

公元前655年，周惠王因宠爱少子带，有废黜太子郑而另立少子带的意向。废长立幼，会给本来就很衰弱的周王室带来灾难性的后果。因而管仲辅佐齐桓公邀集鲁、宋、陈、卫、郑、许、曹诸国君在首止(卫地，今河南睢县东)会盟，谋划巩固太子地位以安定周王室。两年后，周惠王卒，太子郑即王位，号襄王。

太叔带怙宠入宫
（选自清光绪刻本《东周列国志》）

襄王初即位，害怕大叔带争位，秘不发丧，告难于齐国。次年春，管仲辅佐齐桓公率鲁、许、卫、曹诸国君与陈世子连同周襄王派来的大夫在洮地(曹邑，今山东鄄城西南)会盟，郑文公也来请盟。这次会盟的主要任务是谋求巩固周襄王的地位。

周襄王避乱居郑
（选自清光绪刻本《东周列国志》）

公元前649年，周襄王之弟叔带觊觎王位，招集王城附近的杨泉、泉皋、伊洛诸戎攻打王城。秦、晋两国兴师帮助襄王伐戎。次年，即公元前648年，周襄王起兵攻打叔带。叔带不敌，逃奔到齐国。冬天，齐桓公派管仲劝戎人和周王讲和，派隰朋劝戎人和晋国讲和。周襄王以上卿的礼仪宴飨管仲。管仲辞谢说：“作为陪臣，我是一个低贱的官员。现在有天子所命的二位守国上卿国氏、高氏在，如果他们在春秋两季来承受天子的命令，您又用什么礼节来接待他们呢？陪臣谨敢辞谢。”周襄王对管仲说：“舅氏，我赞美您的功勋，接受您的美德，可以说是笃厚而不能忘记的。”管仲辞让再三，最后还是接受了下卿的礼仪。(《史记·周本记》）这件事既充分表现了管仲对周天子的尊重，同时又表明管仲得到了周天子的最高褒奖和礼遇，从而走上了人生的巅峰。

管仲尊王室的史实很多，不胜枚举。这些史实表明管仲无论在会盟时，还是在战场上；无论在同各诸侯国的交往时，还是在与周王室的直接关系上，都有意地突出王权在道义上的权威，维护王室的权益，这对号召诸侯共攘夷狄无疑起了积极作用的。

春秋初期，在王室式微、诸侯坐大的同时，生活在华夏族周边地区的少数民族也发展起来了，他们为了扩大自己的生存空间，开始向中原地区入侵、推进，正如《公羊传 · 僖公四年》所说："南夷与北狄交，中国不绝若线，桓公救中国而攘夷狄。"

所谓南夷，主要是指楚国。楚之先祖出自颛顼高阳氏，本黄帝之后裔，因久处荆蛮之地，居久成俗，故华夏族以蛮夷待之。对此，《史记 · 楚世家》载楚武王语："我蛮夷也。"《史记 · 齐太公世家》说："楚成王初收荆蛮有之，夷狄自置。"《国语 · 晋语八》说："昔成王盟诸侯于歧阳，楚为荆蛮，故不与盟。"由此可知，不仅中原各国视楚国为蛮夷，即便楚人，也以蛮夷自视。

楚的第一代国君熊绎，在周成王时受封于丹阳（今湖北省秭归）。当时的丹阳是一片不毛之地，周围生活着文化程度较低的所谓"群蛮""百濮"，环境恶劣。然而，由于远离周王室的监控并据有广阔的待垦之地，楚人反而获得了良好的发展空间。楚自"熊绎辟在荆山，荜露蓝蒌以处草莽，跋涉山林以事天子……"（《史记 · 楚世家》）后经历代楚君兢兢业业，励精图治，至西周末年，楚在江汉之间已经形成相当大的力量。至周平

楚熊通僭号称王
（选自清光绪刻本《东周列国志》）

犬戎主
（选自清光绪刻本《东周列国志》）

王时，楚君最著名的是若敖、蚡冒和熊通。《左传·宣公十二年》说：“若敖、蚡冒，筚路蓝缕，以启山林。”《左传·文公十六年》说：“先君蚡冒所以服险隰也。”《国语·郑语》说：“楚蚡冒于是乎启濮。”都记载了若敖、蚡冒时期楚国对外扩张的史实。其后，熊通自立为武王，与周天子并尊，周王室却无可奈何。

楚武王、楚文王时期，楚国连年伐随、伐申，灭邓、灭息，开拓疆域到汉水中游，国势日渐强盛。公元前671年，楚成王“布德施惠，结旧好于诸侯”，并遣使者朝拜周惠王。周王赐胙，并说：“镇尔南方夷越之乱，无侵中国。”(《史记·楚世家》)但楚国北进的势头是遏制不住的。楚国曾于公元前666年以兵车六百乘伐郑，被齐、鲁、宋的援郑联军击退。楚国已成为中原诸侯国的最大威胁，许多小诸侯国都动摇于齐国与楚国之间。

所谓北狄，主要是指赤狄。顾栋高《春秋大事表·春秋四裔表叙》说：“春秋时戎狄之为中国患甚矣，而狄为最。诸狄之中，赤狄为最。”当时赤狄役属众狄，成为北方大国。其疆域西起晋之蒲（今山西隰县北）、屈（今山西吉县北），东与齐、鲁、卫为界，绵延千里，邢、卫、宋、燕、齐、

齐桓公兴兵伐楚（选自清光绪刻本《东周列国志》）

鲁、晋、郑等国，都曾遭到它的侵犯。北狄对当时的华夏族构成严重的威胁。

面对楚、狄交侵，齐国在南北两个方向上都发动了一系列“攘夷”的战争。在此只列举两次大规模的战争。

一是南伐楚。

公元前656年，齐国会合鲁、宋、陈、卫、郑、许、曹等国的军队征伐楚国的同盟国蔡国。蔡国在没有防备的情况下，迅速溃败了。八国军队乘势挥师伐楚。楚成王派使者质问齐桓公说：“您住在北方，我们住在南方，可谓是风马牛不相及，不料您进入我们这个地方，不知是什么缘故。”管仲受命答复说：“从前召、康公命令我先君太公说：‘五等诸侯、九州伯长，如有罪行你有权讨伐他们，从而辅佐周朝。’召、康公赐给我先君的征伐范围是东边到海，西边到河，南边到穆陵，北边到无棣。你们楚国不把应纳的包茅向周王室进贡，致使王室祭祀时没法滤酒，我特来向你征收这些贡物；周昭王巡狩南方没有回国，我特来向你们质问这件事的真实情况。”楚国使臣说：“不进贡包茅，是我们国君的过失，以后怎敢不供给呢？周昭王南巡没有回国，您还是到水边去问一问吧！”

齐桓公见楚国不肯服罪，就继续进军，在陉(楚地，今河南郾城县南)地扎下了营寨。面对八国诸侯联军的强大威慑力，楚国屈服了，派出大夫屈完到联军驻地求和。齐桓公命令联军退至召陵。

齐桓公将诸侯的军队排列出来，和屈完同坐兵车观看。齐桓公说："这些诸侯并非为了我个人，而是为了继承先君的友好关系。你们楚国也同我建立友好关系，怎么样？"屈完说："蒙您惠临敝国，容纳我君同好，这是我君极愿意的事情。"然后齐桓公大气磅礴地说："我若率领这些诸侯军进攻的话，谁能抵御它！用这些诸侯军攻城，什么样的城攻不下！"屈完说："您若用德安抚诸侯，哪个敢不服从？您若单靠武力的话，楚国就拿方城当城墙，拿汉水当护城河，你们的军队虽然众多，恐怕也没有用处。"屈完的辞令虽然强硬，但也表示若齐国"辱收寡君，寡君之愿也"。(《左传·僖公四年》)表示愿意加入齐桓公为首的诸侯联盟。于是，屈完在召陵同齐国订立了盟约。

伐楚之役是一场以军事力量为后盾的政治斗争，不战而使楚国屈服。中原诸侯国取得优势，在一定程度上抑制了楚国的北进。

二是北伐狄。

公元前664年，山戎攻打燕国，燕国向齐国求救。齐桓公和鲁庄公在鲁济会见，商量征伐山戎（北狄）之事。齐鲁两国本来商定共同出

齐桓公兵定孤竹
（选自清光绪刻本《东周列国志》）

兵，可是到了出征时刻鲁国却变了卦。为了打击北狄拯救燕国，齐国没有退缩，独自出兵了。对于这场战争，《韩非子·说林上》记载道："管仲、隰朋辅佐齐桓公出兵伐孤竹，春往冬返，在深山中迷失了方向。管仲说：'老马的记忆力是可以利用的。'于是，让军中老马带路，军队紧随其后，最后终于绕出崇山峻岭，走上了大道。"又载："齐国军队在山中行军缺水。隰朋说：'蚂蚁冬天穴居于山的南面，夏天穴居于山的北面。蚁穴下不深处有水。'于是，齐军寻蚁穴而掘地，终于找到了水。"可见，这一仗打得很艰苦。尽管如此，齐军毕竟"拂令支、斩孤竹"(《国语·齐语》)，凯旋而归，救燕的目的也达到了。燕庄公非常感激，于是一直把齐桓公送入齐境。齐桓公说："我不是天子。按照周礼，诸侯相送不出境。我不能无礼于燕君。"于是割燕庄公所到之齐地，送给了燕国。并让燕庄公修复召公之政，向周天子纳贡。(《史记·齐太公世家》)诸侯听说齐桓公的仁德后，都拥护齐桓公了。

总之，管仲辅佐齐桓公，提三万精锐之师，北伐山戎，南征强楚，尊王室，安诸夏，对保存中原文化和促进经济发展，做出了巨大贡献。孔子由衷地赞叹道："管仲辅佐齐桓公，称霸诸侯，匡正天下，华夏族人直到今天还享受他的赐予。假如没有管仲的话，我们将会披散着头发，上衣的大襟也开在左边了。管仲真是仁人啊！"(《论语·宪问》)

救难恤患

清人高士奇在《左传纪事本末·齐桓公之伯》中说，管仲辅佐齐桓公创建霸业的主要功绩有三："一曰攘外，一曰恤患，一曰尊王。"尊王与攘外上文已述，下面来看恤患。

所谓"恤患"，指的是当诸侯国家发生内乱或遭到外侵时，齐国要么出兵助其防卫国土，要么出资帮其重建家园，要么出面协调、促其恢复安宁。主要有以下三件大事：

一是迁邢。

公元前661年，狄人攻打邢国(姬姓，侯爵，周公之子始封于此，在今河北邢台)。面对救邢伐狄的问题，管仲对齐桓公说：“戎狄豺狼，不可厌也。诸夏亲暱，不可弃也。宴安鸩毒，不可怀也。”(《左传·闵公元年》)意思是说，戎狄像豺狼一般贪婪，无法满足他们的欲望；诸夏则与自己有同族关系，同族遭遇祸患，不应坐视不救；在这紧要关头，安逸就是毒药，是万万不能怀恋的。照管仲看来，毫无疑问对敌人要打击，对友邦要团结，对自己则力戒苟且偷安。

卫懿公好鹤亡国
(选自清光绪刻本《东周列国志》)

按照管仲的意见，齐桓公出兵救邢。公元前659年，齐、宋、曹三国联军驻扎在聂北(今山东聊城境内)。这时邢人已经溃败，如流水似的向联军驻地奔来。联军一方面为之驱逐狄人，一方面又治备各种器具，护卫邢人迁往夷仪(今山东聊城西南)。诸侯联军纪律严明，秋毫无犯，还帮助邢人筑起夷仪新城，重新建立了自己的国家。随后齐国又派战车百乘、士兵千人，帮助邢人戍守国土。

二是存卫。

公元前660年，狄人攻打卫国。卫懿公是个荒淫无道的诸侯。他喜欢养鹤，给鹤以优厚的待遇，鹤出门要乘大夫级别的车子，而士兵的待遇却很菲薄。所以，当赤狄来攻时，士兵们都气愤地说：“让鹤去抗敌吧，

它们都享有很高的俸禄，我们哪能打仗呢！”

卫懿公只好亲自出战。出发前，他赠给大夫石祁子一块玉(表示遇事要决断)，赠给大夫宁庄子一支箭(表示遇敌要抵抗)，叫他俩担任留守，并吩咐说：“你们就凭这个全权处理国事，只要对国家有利就尽量去做吧。”卫懿公又赠给他的夫人一件绣袍，嘱咐道：“一切都要听从他二位的主张。”卫懿公统兵出征，由大臣渠孔给他赶车，大臣子伯给他做车右，大臣黄夷充当他的先锋，大臣孔婴齐率军殿后。卫国军队和狄人在荧泽(卫、狄接壤地，在黄河北岸)交战，结果卫军大败。卫懿公没有收起帅旗，暴露了目标，结果死于战场。

狄人俘虏了卫国的史官华龙滑和礼孔，带着他俩继续追击卫军。华、礼二人向狄人说：“我俩是太史，掌管卫国的祭祀，如果不让我们先回去祷告神灵，你们是攻不下卫国的。”狄人信以为真，于是把华、礼二人放回卫国。华、礼二人回到卫国都城，对担任留守的石祁子和宁庄子说：“狄师强盛，不可坐等灭亡。”当天夜里，石祁子和宁庄子率领全城的人都撤走了。狄人占领了卫国的城都，继续追赶卫人，在黄河渡口又打败了卫军。

公子友两定鲁君

(选自清光绪刻本《东周列国志》)

在卫军溃败之时，宋桓公率军渡河救卫，救出卫国的遗民

730人，加上共、滕(卫国邑名)两邑的居民共计5000人，就在曹地(卫国邑名，为临时国都)住下，立卫戴公为国君。

齐桓公马上派公子无亏率领战车三百乘，军士三千人戍守曹邑。还赠送给卫戴公马四匹，祭服五套，牛、羊、猪、鸡、狗各三百头，还有做门户的木材。赠送给国君夫人用鱼皮装饰的车子，丝绸三十匹。

公元前658年，齐国又带领各诸侯国为卫国修筑楚丘城。其后又为卫国筑内城和外城。在齐国的扶持下，卫戴公励精图治，“大布之衣，大帛之冠，务材、训农、通商、惠工、敬教、授方、任能”，“轻赋平罪，身自劳与百姓同苦，以救卫民”。(《左传纪事本末》卷37) 一年以后，卫国逐渐强盛起来，革车由三十乘增加到三百乘。

《左传》对迁邢、存卫两件事都给予了高度评价，说“邢迁如归，卫国忘亡”。

三是安鲁。

公元前662年，鲁庄公逝世。为争夺君位，鲁国发生了内乱。庄公之子子般即位后，庄公之弟庆父派人杀子般，另立庄公庶子启方为闵公。

公元前661年，管仲派大夫仲孙湫出访鲁国。仲孙湫回国后对齐桓公说：“不除掉庆父，鲁国的祸难不会停止。”齐桓公问：“怎样才能除掉他？”仲孙湫回答：“祸难不停止，将会自取灭亡，请君王等着瞧吧。”齐桓公问：“是否可以袭取鲁国？”仲孙湫回答说：“不可以，他们还执掌着周礼。周礼是治国的根本。臣下听说，国家将灭亡，如同树的躯干必定先倒下然后枝叶才跟着枯落。鲁国不抛弃周礼，是不能动它的。君王应当安定鲁国的祸难。并且进一步与之亲近和睦，亲近讲礼仪的国家，和睦稳定坚固的国家，离间内部离心离德的国家，灭亡昏暗暴乱的国家，这是完成霸王之业的策略。”(《左传·闵公元年》)从上述对话可以看出，齐国的外交政策是：遵守周礼，亲密团结尊重周王室的国家，加强同邻国的联盟，打击背叛周王室和齐国的国家，灭亡那些昏乱的国家。

齐桓公采纳仲孙湫的建议，没有乘人之危，而是致力于安定鲁国。不久鲁国有人要诛杀庆父，吓得庆父逃亡到莒国去了。庆父连杀二位国君(闵公继位二年后，也被庆父所杀)，罪恶昭彰，鲁国要求莒国将庆父引渡回鲁，庆父被迫自杀了。对参与叛逆弑君的鲁庄公夫人哀姜，齐国派人取而杀之，将尸体归还鲁国。

公元前660年冬，管仲又派上卿高子率领南阳甲兵，帮助确立鲁僖公的君位，修复鲁都曲阜鹿门至争门的城防，并与鲁国签订了盟约。

总之，管仲救难恤患，存亡继绝，惠及诸侯列国，这种仁爱精神可与日月同辉。

一匡天下

尊王攘夷也好，救难恤患也罢，管仲奋斗的终极目标是一匡天下，使春秋乱世走向大治。而匡扶天下的形式则是举盟会、合诸侯。

“盟”渊源于氏族公社时期，最初的含义是盟誓。主要用于氏族内部的祭祀、诉讼。由于当时生产力水平十分低下，人类抵御自然的力量十分微弱，面对变化莫测的自然现象，产生了神秘感和恐惧感。他们认为是超自然的力量支配着自然和人类。为了降福免灾，便向超自然力量祈求、祭祀，在祈求、祭祀的过程中，采用的是对神明发誓的方式，这就是最初的“盟”誓。

部落时代，生产力水平有所提高，人类活动区域有所拓广，“盟”的范围也有所扩大。当时，部落间常常通过“盟”会建立军事联合共同体，以解决部落间的纠纷、冲突并防御外来侵扰。建立“盟”关系的部落平等互助，无从属关系。这时的“盟”表现为临时性和不固定性。

经过殷商至于西周时代，“盟”已臻于完善，并制度化了。“盟”的过程是：“先凿地为方坎，杀牲于坎上，割牲左耳，盛以珠盘；又取血，盛以玉敦，用血为盟书，成乃歃血而读书，知坎血加书者。”(《礼记·曲礼下·疏》)盟会由司盟主持，“掌盟载之法，凡邦国有疑令同，则掌其盟约之载，及其礼仪，北面昭明神”。(《周礼·秋官·司盟》)

管仲接过了古老的盟会形式，将司盟变成了盟主的身份，取得了周天子的册命，得以号令诸侯，从而创造了春秋时代霸权政治的新模式。

齐桓公正是通过一次次的盟会，一步步地走向霸主的高峰。现将齐国主持的几次主要盟会介绍于下：

北杏之盟。

齐桓公五年(公元前681年)，齐、宋、陈、蔡、邾等国在北杏(今山东东阿县境)盟会。主要是为了平定宋国的内乱，其后对于召而不至的遂国，发兵诛灭。北杏之盟，一方面稳定了宋国的局势，另一方面也加强了齐国联盟的力量。

柯之盟。

北杏之盟的同年夏，齐国乘灭遂之气势，随即伐鲁，鲁师将败，鲁庄公请和，齐桓公答应了。这时的鲁国慑于遂国新亡，迫于自己继败，又见许多诸侯国都加入了齐国同盟，便只好与齐国盟于柯(齐国邑名，今山东阳谷县东北)地，齐国因此赢得了信义之名。

郑庄公假命伐宋
(选自清光绪刻本《东周列国志》)

宋襄公
（选自清光绪刻本《东周列国志》）

鄄之盟。

齐桓公六年(公元前680年)，齐、宋、陈、卫、郑五国之君与周大夫单伯盟于鄄(卫之城邑，今山东鄄城北)。宋本来是齐的盟国，由于复杂的原因，自齐、鲁柯盟之后，宋见齐、鲁和好，便背叛了北杏之盟。齐桓公六年，齐联合陈、曹，以三国之师伐宋，周王亦派大夫单伯会师伐之，宋桓公屈服求和。这时郑厉公已复位，也与齐结盟。于是同年冬，会盟于鄄。鄄之盟不仅使鲁、宋两个大国屈服，而且周天子也派大夫参加了，这表明齐桓公的地位得到了很大提升。

鄄之盟。

齐桓公七年（公元前679年）春，齐、宋、陈、卫、郑复盟于鄄，齐桓公被推为盟主。至此，已形成了以齐国为首的包括齐、宋、陈、蔡、邾、鲁、卫、郑在内的八国联盟。故《左传·庄公十五年》说："复会焉，齐始霸也。"

幽之盟。

齐桓公八年(公元前678年)，齐、鲁、宋、陈、卫、郑、许、滑、滕九国盟于幽（今河南考城境内)。郑、宋虽同为齐之盟国，但二国积有宿怨，所以在公元前679年，郑国趁诸侯伐宋之机，侵伐宋国。郑国的这种行为，显然违背了鄄盟的盟约，齐桓公作为盟主，对此不能袖手旁观，

召陵会盟
（选自清光绪刻本《东周列国志》）

于是齐桓公会合宋、卫之兵，于公元前678年伐郑，以示对郑背盟的惩戒。此时，郑国又遭受南方楚国的攻伐。郑国在两面夹击下，不得不向齐屈服，故而请盟于幽。

扈之盟。

齐桓公十五年(公元前671年)，齐、鲁盟于扈（今河南荥阳附近)。齐、鲁都是西周时期的大国，所以鲁对齐开始并不甘心服从，但是随着齐国的强盛、势力范围的扩大，鲁不得不注意与齐修好。公元前671年，鲁庄公与齐桓公一会一盟，会于谷而盟于扈。扈之盟表明鲁真正承认了齐桓公的霸主地位。

幽之盟。

齐桓公十九年(公元前667年) 夏，在鲁、郑、陈等诸侯国都顺服的情况下，齐桓公邀集中原各诸侯在幽地再次会盟。这次盟会，标志着以齐为首的军事集团的内部团结已经巩固，也标志着齐桓公的霸业已成定局。同年秋天，周惠王派召伯“赐齐侯命”，命齐桓公代王伐卫，并“赐齐桓公为伯”。

葵丘会盟
（选自清光绪刻本《东周列国志》）

贯之盟。

为了阻止楚国北进，齐桓公率领诸侯攻伐楚

齐桓公霸业厅
（选自临淄区齐国历史博物馆）

的盟国蔡国，拉拢江、黄等国，瓦解以楚为首的军事集团。齐桓公二十八年(公元前658年)，齐、宋、江、黄盟于贯(宋国地名，今山东曹县南)。至此，江、黄两国也归服了齐国。

召陵之盟。

齐桓公三十年(公元前656年)春，齐桓公率宋、鲁、陈、卫、郑、许、曹联军攻打楚国的盟国蔡国，大败蔡军。接着又攻打楚，楚国在诸侯之师的威慑下，派屈完于召陵同诸侯结盟。召陵之盟，使齐桓公的霸主地位得到了进一步提升。

首止之盟。

齐桓公三十一年(公元前655年)，齐、鲁、宋、陈、卫、郑、许、曹盟于首止(卫地，今河南睢县东)，会见周王太子郑，谋划安定周王室。

洮之盟。

齐桓公三十四年(公元前652年)春，齐、鲁、宋、卫、许、曹、陈盟

于洮（曹地），商量安定周王室。

葵丘之盟。

齐桓公三十五年(公元前651年)夏，齐、鲁、宋、卫、郑、许、曹诸国君盟于葵丘。周襄王派大夫宰孔与会，并“赐桓公文武胙、彤弓矢、大路，命无拜。”（《史记·齐太公世家》）这是来自周天子的最高奖赏。同年秋，齐桓公又与诸侯复盟于葵丘。盟誓曰：“凡我同盟之人，既盟之后，言归于好。”（《左传·僖公九年》）又誓曰：“毋雍泉！毋讫籴！毋树子！毋以妾为妻！毋使妇人为国事！”（《谷梁传·僖公九年》）通过盟誓的内容足以看出，这时的齐桓公俨然天子一般地对其他诸侯发号施令了。

葵丘之盟标志着齐桓公的霸业达到了顶峰。

齐桓公

（于受万画。选自《淄博名人》，山东文艺出版社2003年版）

下篇

鸿篇巨著

《管子》
——中国第一部百科全书

管仲相齐四十年，辅佐齐桓公内行改革，安邦理民，富国强兵；外平天下，尊王攘夷，存亡继绝；“九合诸侯，一匡天下”，使齐国成为春秋五霸之首。其功业之伟，智谋之精，为世人所敬仰，为后人所推崇。管仲的敬仰、推崇者，颂其事、传其言、发挥发展其思想，世世相因，代代相传，层垒打造，于是形成了先秦独树一帜的管子学。管子学的创立者是管仲，管子学的载体是《管子》一书。

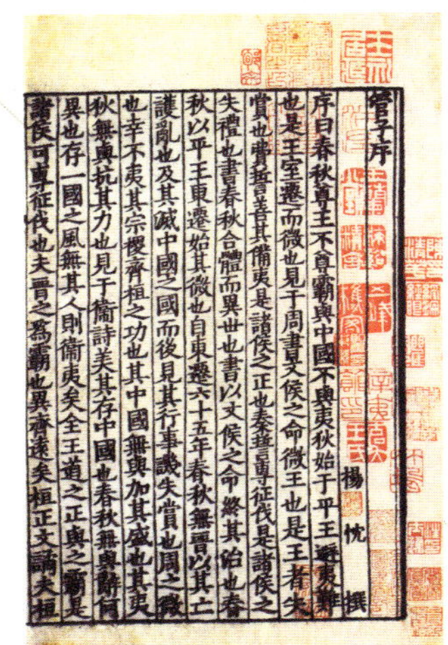

管子序
楊忱 撰
序曰春秋尊王不尊霸與中國不與夷狄始于平王[illegible]
也是王室遷而微也見于周書文侯之命微王也是王者失
賞也費誓吾其備夷是諸侯之正也秦誓言尊征伐是諸侯之
失禮也書春秋合體而異世也書以文侯之命終其始也春
秋以平王東遷始其微也自東遷六十五年春秋無晉以其亡
護亂也及其滅中國之國而後見其行事譏失賞也周之微
也幸不夷其宗瓔齊桓之功也其中國無與加其盛也其夷
狄無與抗其力也見于衛詩美其存中國也春秋無與齡何
異也存一國之風無其人則衛夷矣全王道之正與之霸是
諸侯可專征伐也夫晉之爲霸也異齊遠矣桓正文譎夫桓

《管子》书影

创于管仲成于众人之手

《管子》一书旧题管仲撰。实际上，《管子》并不是管仲亲手写的书，也不可

《管子》书影

能是管仲亲手写的书。宋代大理学家朱熹说："（管）仲当时任齐国之政，事甚多；稍闲时又有三归之溺，绝不是闲工夫著书底人。著书者是不见用之人也。"（《朱子语类》卷137）现代著名历史学家顾颉刚先生也这样看。他说："《管子》一书是先秦诸子中的巨帙，历来相传是帮助齐桓公成就霸业的管仲所作。管仲本是一个干实际政治工作的人，哪会有空闲工夫去著书，更哪会成为一位大著作家！而且管仲生于公元前七世纪的初叶，那时谁也想不到私人可以著作流传这一回事。"（《'周公制礼'的传说和〈周官〉一书的出现》，《文史》第六辑）然而，尽管《管子》不是管仲亲手所著，却不失为管氏一家之言，因为《管子》记载的是管仲生平事迹，反映的是管仲的思想，传承的是管仲遗教。正如屈雄所说：《管子》总是"内含的管子的思想"，"纵然碰到了前后矛盾的地方，也姑说是管子前后作品上思想的变迁的痕迹。"（《管子的政治思想》，《中大季刊》第1卷第4号，1927年）

由上述可知，《管子》创于管仲而成于众人之手。该书集中了以管仲为代表的一批先贤先哲的聪明和智慧。

《管子》是一部古老的典籍。《韩非子·五蠹》说："今境内之民皆言

稷下学宫拓片

稷下学宫，战国时期齐国统治者创设的集授徒讲学、著书立说、政治咨询等为一体的综合性学术机构，同时又是战国时期百家争鸣的场所。因设置于齐都临淄稷门之下而得名，历时近一个半世纪。齐威王、齐宣王时期，稷下学者多达数百千人，几乎九流十家的著名学者皆汇于此。管仲学派系稷下学宫中的一个重要学术流派。《管子》一书的诸多版本都出于稷下学宫。

稷下学宫壁画

（选自《齐都名人》，百花文艺出版社2005年版）

治，藏商、管之法者家有之”，并以之与“孙、吴之书”对言。可见，《管子》早在先秦时期就已广为流传了，以至于达到家家户户皆藏此书的程度。

司马迁在《史记·管晏列传》中说：“吾读管氏《牧民》《山高》《乘马》《轻重》《九府》及《晏子春秋》，详哉其言之也。既见其著书，欲观其行事，故次其传。至其书，世多有之，是以不论，论其轶事。”可见《管子》并未焚于秦火，西汉初年该书仍是“详哉其言”“世多有之”，乃至成为司马迁为管仲、晏婴作传记事不记言的原因。

《管子》成书经历了一个漫长的过程。最早记录和整理管仲学说的并非他人，而是史官。早在夏朝末年，就有史官；殷商时期，史官设置就比较健全了；西周时期，史官制度更加完备；延至春秋，在王权不断衰微，诸侯、卿大夫势力崛起的背景下，不仅王室和诸侯设有史官，就连卿大夫之家也设有史官。那么，位在齐国命卿高氏、国氏之上，被齐桓公尊为仲父的管仲拥有自己的史官便是很自然的事情了。在这种情况下，管

孟子

名轲，邹（今山东邹县）人，生卒年不可确考。战国时期儒家学派的代表人物。在稷下学宫位列“三卿”，享有“养弟子以万钟”的优厚待遇。

仲入朝，其言其行有齐太史记之；回府，其言其行有家史记之。这齐太史和家史的记录，颇类于今天所说的原始记录、档案材料，是最早撰写的《管子》书。

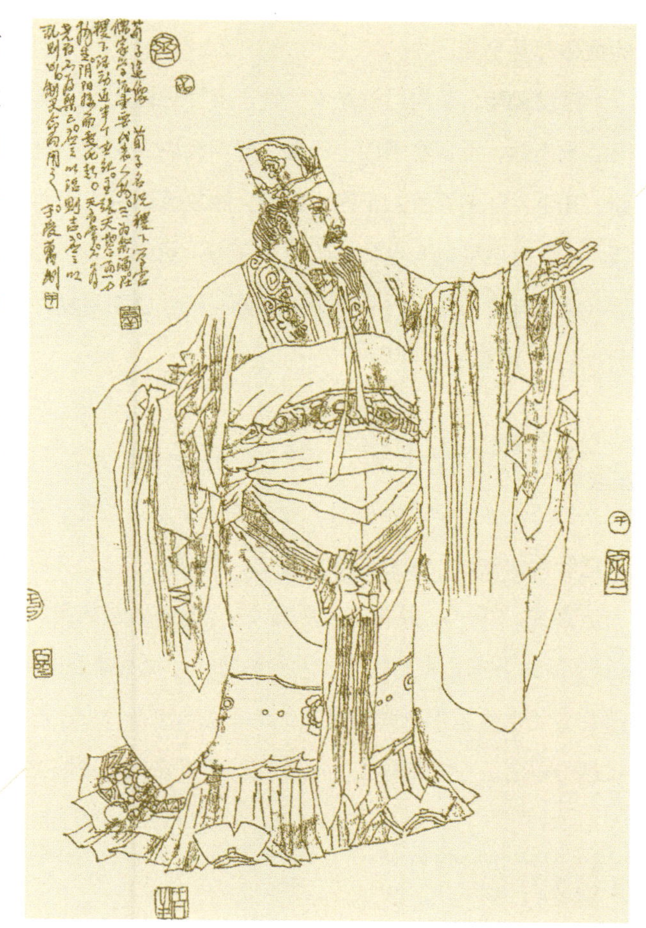

荀子（约公元前325年—公元前235年），名况，又称荀卿、孙卿，赵国人。战国时期儒家学派的代表人物。齐宣王时期始游稷下学宫。齐襄王时期三为稷下祭酒，最为老师。

（于受万画。选自《淄博名人》，山东文艺出版社2003年版）

按照当时齐国的制度，最早撰写的《管子》书，其保存和流传主要有两个渠道：一是保存于太府，此为官存官传《管子》版本；二是由地方官带回“三国”和“五鄙”，层层传达到百姓，并广布流传于民间，此为民存民传《管子》本。

战国时期，稷下学宫中管仲学派的先生们，对藏于太府的官本《管子》和流传于社会的民本《管子》，进行了一次大规模的整理和升华，使之系列化和理论化。因为《管子》版本的不同和管仲学说的丰富，加之《管子》的整理出于众人之手，所以战国时期出现了许许多多冠名管仲的《管子》书。这就是刘向校书以前，《管子》多种版本并行的原因所在。

西汉初年，诸子学复兴，管仲学派至少在黄老之学和经济理论方面，再次修订了《管子》一书。比如，《管子》中的最后一批论文是《轻重》19篇，其写作年代尽管学术界还存有争论，但不少篇章深深地打着汉初

的烙印却是事实。

西汉末年，刘向“校雠中‘管子书’三百八十九篇，太中大夫卜圭书二十四篇，臣富参书四十一篇，射声校尉立书十一篇，太史书九十六篇，凡中、外书五百六十四，以校，除复重四百八十四篇，定著八十六篇，杀青而书可缮写也”。(《管子》叙录）可知，刘向把收集到的宫中秘藏、太史府藏和私人收藏的564篇《管子》，删除重复，定著为86篇。宋朝以后亡10篇，现存管子76篇。

在“九流十家”外独树一帜

长期以来，学术界拘泥于先秦诸子分为“九流十家”的成说，因而未把管仲学派以一独立的学派视之，故《汉书 · 艺文志》把《管子》列入道家类，《隋书 · 经籍志》则把《管子》列入法家类，后世学者有的视《管子》为杂家，有的认为《管子》是一个没有体系的大拼盘、大杂烩。随着古代学术思想研究的深入，传统观念也在改变，逐步提出了管仲学派这一概念。在此基础上，笔者在拙著《齐文化发展史》中不仅认为有管仲学派的存在，而且提出了“管子学”的概念并加以论证。

儿说　田巴

儿说，又作昆辨、貌辨，战国宋人，生卒年不详。稷下先生。先公孙龙提倡“白马非马”之说，是战国时期名家学派的早期学者。

田巴，战国齐人，生卒年不详。稷下先生。先公孙龙倡“坚白”、“异同”之辩，属名家学派。齐闵王时期，以善辩著称稷下。

（李振奎画。选自《淄博名人》，山东文艺出版社2003年版）

事实上，管仲学派是中国文化发展史上确曾存在过的一个重要流派。这一流派由管仲奠基，由以齐国为主的推崇管仲的学者们构成，直到汉代桑弘羊才告结束。师承传授，世代沿袭，脉络分明。因为这一学派的始祖管仲是一个实际的执政者，而不像其他学派的创始人为学者身份，加上这一学派产生最早，当时“学在官府”的形式尚未被打破，所以这一学派自产生之日起便带有官学性质和经世致用的特点。现将这一学派的传承关系略述大概如下：

王斗　颜斶

王斗，战国齐人，生卒年不详。稷下先生。

颜斶，战国齐人，生卒年不详。稷下先生。

（蒋衍山画。选自《淄博名人》，山东文艺出版社2003年版）

关于古代各学派的传授方式，近代学者余嘉锡曾考证说：“父传之子，师传之弟，则谓之家法，六艺诸子皆同。”（《四库提要辨证》卷十一，子部二）这主要是指私学之后学派传授的方式和特点。管仲所处的时代为春秋前、中期，那时学术尚未完全下移，私学还未出现，此其一；管仲身为执政的相国，不可能也没有必要设坛讲学，自授生徒，此其二；因而管子学的传授方式与上述家法并不相同。实际上，管子学的传授采取的是“官法”。如《荀子·荣辱》所言：“循法则、度量、刑辟、图籍……父子相传，以持(侍)王公，是故三代虽亡，治法犹存，是官人百吏之所以取禄秩也。”此之“父子”指的是“官人百吏”之父子，而非私学产生后的平民之父子。可知，管仲学派的第一批成员是那些官人百吏及其弟子们，他们学习和传授管仲学说的目的不是著书立说，而是“持(侍)王公”，“取禄秩”。故而管子学一开始就是一门官学，这也是管仲学派成员佚名的原因所在。

春秋中后期，管仲的事迹和学说被管仲学派互相传授。齐景公便经常以恢复齐桓公霸业自诩。他要求晏婴“继管子之业”，“遂武功而立文德”；而晏婴呢，也每每列举桓、管业绩，力谏齐景公。从君臣的多次对话中，可知他们对管仲的思想言行了如指掌。这时期，管仲的学说不仅在齐国君臣上下广为流传，而且远播其他诸侯国。楚国的老子，鲁国的孔子，越国的文种、范蠡等都比较深刻地了解管仲的思想，并程度不同地受其影响。

战国时期，随着齐国稷下学宫的建立，管仲学派得到了空前的发展，乃至成了稷下学宫中的核心力量。

秦灭六国，稷下学宫完成了它的历史使命，其他学派先后离散，然而，长期生存、活动于齐地的管仲学派却没有销声匿迹。

汉初，诸子之学复兴，管仲学派也不断发挥其思想学说，以期为统治者所赏识、所重用。这时期的黄老之学和经济理论便明显地说明了管仲学派的存在，并反映了管仲学派的学术活动和对政治、经济的干预。盖公、贾谊、晁错、桑弘羊等，就是管仲学派的代表和殿军式人物。对此，宋人叶适曾断言，《管子》“其时固有师传，而汉初学

鲁仲连

战国齐人，生卒年不详。稷下先生。

（李振奎画，选自《淄博名人》，山东文艺出版社2003年版）

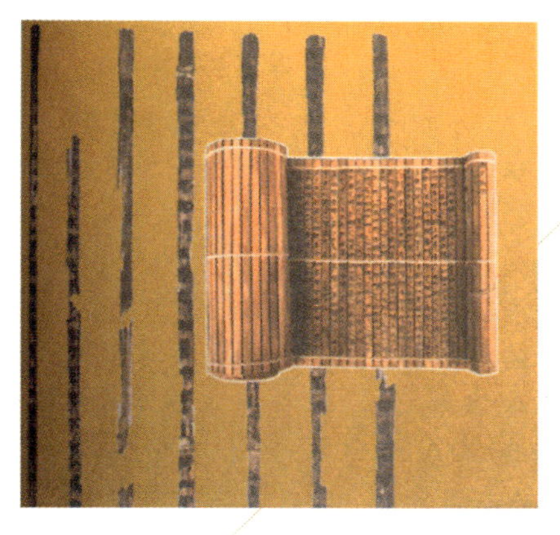

银雀山汉墓竹简

1972年出土于山东省临沂市。

者讲习尤著，贾谊、晁错以为经本。”（《管子文评》）日本学者金谷治说：“最重要的问题是思想家们战国式的百家论战一直持续到汉武帝时代。论战虽因秦始皇的统治而暂时地出现过衰退，但衰退只是很短的时间。其后又迅速复活的战国式论战，以及汉统一以后的黄老思想的流行，成了允许战国以来诸子自由活动的土壤……诸子时代一直持续到武帝初年。稷下制度虽然消失了，但是，包括管仲学派在内的齐国的土著思想家们，靠着土著的顽强，继续生存下来了。”（《稷下学与〈管子〉》，《管子学刊》，1989年第3期）李学勤先生也说：“这个学派(管仲学派)一直延续到西汉，仍有重大影响。我们看《史记·管晏列传》论管仲为政‘贵轻重，慎权衡’，而《盐铁论》的《轻重篇》说桑弘羊修‘太公、桓、管之术，总一盐铁，通山川之利而万物殖’。便可想见《管子》在当时现实中的作用。由《盐铁论》也可看出儒学同《管子》轻重理论的冲突。桑弘羊之后，《管子》学说湮没不彰，……和《墨子》等书同例，学派的流传既断，著作的思想内涵自然难为后人所解。”（胡家聪《管子新探》序，中国社会科学出版社1995年版，第6页）这是符合历史事实的。

从以上简略的历史考察可知，尽管像许多诸子学派一样，为数众多的学派成员已经佚名，但管仲学派的存在却是一个不可否认的历史事实。这一学派产生于战国“九流十家”之前，居先秦诸子百家之首，结束于西汉初期，源远流长，影响巨大。这一学派的开山是管仲，而代表作则是托名管仲的《管子》一书。

《管子》作为一部珍贵的古代鸿篇巨著，可以称得上中国历史上的抗鼎之作。该书内容丰富，博大精深。举凡政治、经济、军事、哲学、管理、伦理、教育、科技等等无所不包，被学术界誉为中国第一部百科全书。就其管理思想而言，真知灼见俯拾皆是，不愧为中国古代管理思想之集成，世界管理思想之渊薮。

《管子》的国家管理思想

在先秦众多思想家中，大多数没有长期的国家管理经验。例如孔子，直到56岁才当上鲁国的大司寇（掌刑狱纠察），代理宰相职务，为时仅三个月。孟子虽曾在齐国被尊为上大夫，但“不治而议”，不过是个空发议论的虚衔。荀子只做到兰陵县令，没有从事管理国家的工作。商鞅虽然在秦国主持过变法运动，但因刻薄寡恩，不重道德礼仪，使法治走向绝对，显然对国家的管理过于简单化。其他如墨子、韩非等更远离庙堂。由于缺乏实际从政经验，因此他们的议论或流于空疏迂阔，或陷于偏激片面。

管仲则不同，他亲自参加了齐国的最高决策集团，身居相位，齐桓公尊为仲父，君臣相得，言听计从，亲密无间，历四十年之久。由于长期参与齐国的政治经济决策活动，积累了十分丰富的国家管理经验，有利于克服同时代其他思想家空疏、偏激、片面之缺点，弥补他人之不足。因此《管子》的国家管理思想更全面、更实用。

"四民分业定居"（壁画。选自临淄区管仲纪念馆）

孔子闻韶

齐景公三十一年(公元前517年),孔子游齐,闻《韶》乐,三月不知肉味。

(选自《圣迹之图》,山东友谊出版社1989年版)

和谐思想

建设和谐国家是《管子》所追求的最高管理目标。

“和谐”一词最早出现在《管子》。该书《兵法》篇说:“畜之以道,则民和;养之以德,则民合。和合故能谐,谐故能辑,谐辑以悉,莫之能伤。”意思是说,用“道”养兵,人民就能和睦;用“德”养兵,人民就能团结。和睦团结就能协调,协调就能一致,协调一致就无敌于天下了。《立政》说:“令则行,禁则止,宪之所及,俗之所被,如百体之从心,政之所期也。”意思是说,有令则行,有禁则止。凡是法令所及和风俗所影响到的地方,就像四肢百体和内心一样和谐地得以贯彻和落实,这才是行政所期望的最高目标。

《管子》的和谐思想还有更深层次的思考。老子说,道生一,一生二,二生三,三生万物。这里只是说出了道至万物的派生现象,却没有说出派生的原因和原理,这不能不说是老子留下的遗憾。老子的遗憾被《管子》弥补了。《管子》认为:“只有人事与天道相互协调,天地间的美好事物才会产生出来。”(《五行》)不仅如此,《管子》进一步认为,人也是天地精华和谐结合后产生出来的新生命,并且人的寿命也决定于和谐状态。对此,《内业》说:“人的生命,是由天给他精气,地给他形体,两者和谐地结合产生出来的。两者和谐地结合就有生命,反之,不和谐结

合就没有生命。考察‘和’的规律，它的真实情况是不可能看得见的，它表现出来的征象是不能类比的。但能使平和中正占据胸怀，融化在心里，就是长寿的根源。”故而，《内业》进一步说：“和乃自生。”由此可知，《管子》第一次精辟地提出了世界万物乃至于人无不产生于“和谐”的论断。

《管子》把和谐生万物的哲学思想推演到政治学中去，便产生了和谐国家的管理哲学思想。

《管子》认为，只有和谐，国家才能安定，政令才能贯彻，社会才能长治久安。对此，《形势解》说：“君臣相亲，上下和谐，万民和睦，这样的话，国君下命令，人民就会执行；上面有禁律，人民就不去违犯。”《四称》说：“外内均和，诸侯臣服[伏]，国家安宁，不用兵革。”《五辅》说：“和调乃能处安，处安然后动威，动威乃可以战胜而守固。”《白心》说：“和则能久。”《度地》说：“天地和调，日有长久。”反之，“君臣不相亲，上下不和谐，万民不和睦，这样的话，就会有令不能行，有禁不能止。”（《形势解》）令不行，禁不止，国家就要危亡了。对此，《形势解》说：“臣下不亲近他们的君主，百姓不信任他们的官吏，上下背离而不和谐，有时虽然表面上看似安定了，实际上必将走向危亡。所以说：‘上下不和，虽安必危。’”《形势》说：“上下不和，令乃不行。”《立政》说：“大臣不和同，国之危也。”《牧民》说：“上下不和，虽安必危。”

那么，怎样才能使国家达到和谐呢？《管子》认为特殊的情况还得

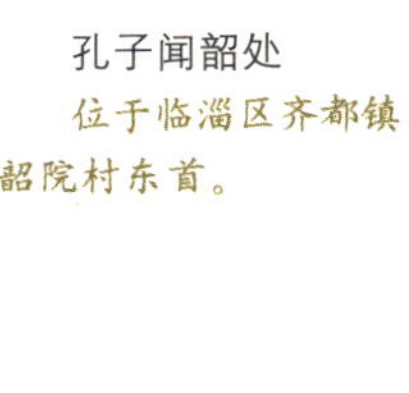

孔子闻韶处

位于临淄区齐都镇韶院村东首。

齐风韶韵厅

位于临淄区齐国历史博物馆。

需要特殊的方法处理。于是，从国家管理的角度出发，在特定的背景下，《管子》设计了“四民分业定居”的国家管理模式。具体做法是：

士人相聚而居，居于宁静之地。士人闲时父与父言义，子与子言孝，事君者言敬，长者言爱，幼者言悌。朝夕从事于此，以教其子弟。

农民相聚而居，居于田野。农民依照四季，安排农具，置备器械。在天气还冷的时候，就修整土地，农时到来就耕耘播种。在降雨之前就铲除杂草，等待时雨。时雨一来，就带上各种农具，早晚在地里干活。这时，农人脱下常服，头戴草笠，身披蓑衣，露出发肤，一身泥水，竭尽四肢之力，从事农作。

工匠相聚而居，居于官府附近。工匠们察看好的木材，考虑四时的活路，分辨质量优劣，安排各种用具。在评定等级、审计规格、裁断器物的时候，无不注意是否齐全和精致。这样，工匠们之间，互相谈论工事，展示成品，比赛技巧，提高工艺水平。

商人相聚而居，居于市场。商贾们观察年景丰歉，了解国内外情况，掌握四时需要，注意本乡货物，预测市场价格。他们负任担荷，赶牛驾马，周游四方；料定物品多寡，估计商品贵贱，以其所有，易其所无，贱买贵卖。所以，雉羽和旄尾一类的珍品，不必远集而自至；竹箭一类的产品，国内就有富余。奇怪的商品经常运来，珍异的东西也有储备。他们互相谈论赢利，互相告知商机，互相陈说物价知识。

女子蹴鞠

蹴，用脚踢；“鞠”，用皮革包裹毛发做成的球。蹴鞠是我国古代一种体育运动。《战国策·齐策》载：“临淄之中……蹴鞠者。”这是中国关于蹴鞠运动的最早记载。可见，战国时期，蹴鞠运动在齐都临淄就非常普及了。2004年，经专家论证，蹴鞠是近代足球运动的来源，发源于战国临淄。同年，国际足联宣布临淄是世界足球的起源地。

（选自《走进齐都》，百花文艺出版社2005年版）

士、农、工、商这些不同职业的人们，各自从事特定的工作，并以之教育子弟，从小就习惯了这种生活，思想安定，不会见异思迁。因此，父兄的教导，不严刻也能教好；子弟的本领，不劳苦也能学会。所以士人的子弟世代为士人，农民的子弟世代为农民，工匠的子弟世代为工匠，商贾的子弟世代为商贾。（《管子·小匡》）

这一国家管理模式的问世，稳定了当时人们的身份、地位和社会等级结构，对安定国家起到了积极的作用。

《管子》认为，要想管理好国家，就必须解决国家存在的问题；要想解决问题，就必须知道问题所在；而要知道问题所在，就要大兴调查之风，因为没有调查就掌握不了社会的真实情况。因此，他总是派出官员深入社会询问、调查方方面面的情况。比如：死于国事者的子孙，有无尚未得到田宅的？青壮年中未服兵役的有多少人？现任

蹴鞠铜镜

（选自《走进齐都》，百花文艺出版社2005年版）

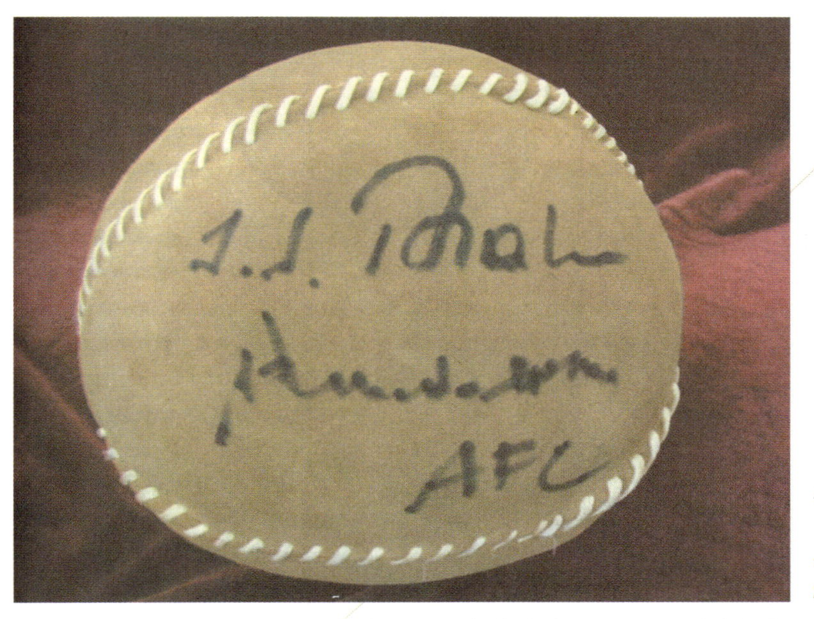

国际足联主席布拉特签名的仿古鞠

（选自《走进齐都》，百花文艺出版社2005年版）

的官吏，都是凭什么条件任用和提拔的？判案有常法可循，现在却长期积压，原因是什么？国内的鳏夫、寡妇、孤儿、穷人、病人各有多少？乡中富户奴役、收养的人有多少？乡中的穷人是哪个族的后裔？本国子弟出游别国的，有多少人？外国人来游本国，住在官吏大夫家里的，有多少人？乡中子弟，力田耕作，可以为人表率的，有多少人？城市子弟，身无常业，衣食奢侈，带领青年弃农打猎取乐的，有多少人？国内尚未开发的资源，其中可以解决人民急需的，有哪些？士人，国家危难时可供使用的，有多少人？工匠，其技术水平可以战时协助军旅，平时维修城郭者，有多少人？官吏，国家急难时可供调遣的，有多少人？城市积粟与军粮，可以维持多少年？……上述内容见于《管子·问》篇。该篇包括60多个条目。这些条目，从民政、吏治、刑狱，到社会贫富、人口状况与军事设施等等，无不有专题列举，几乎涵盖了社会各方面的问题。其调查要求，不仅有对于事物性质的了解，更有对于事物数量的统计，其细致周到之程度，为中外古籍所罕见。

国家是由不同群体构成的。其中，老、弱、病、残、鳏、寡、孤、独者构成了一个特殊的群体。这一群体的生活、生产乃至于生命都面临着困难和危机，处于社会的弱势地位。如果弱势群体的问题得不到解决，要想使整个国家得以安定、达到和谐是不可能的事情。

古临淄一角
（泥塑。选自临淄区管仲纪念馆）

为了解决弱势群体问题，《管子》提出了“匡其急”“振其穷”的主张。何谓“匡急”“振穷”？《管子·五辅》中说：“养长老、慈幼孤、恤鳏寡、问疾病、吊祸丧，此谓匡其急。衣冻寒、食饥渴、匡贫窭、振疲露、资乏绝，此谓振其穷。”《管子·入国》又细化为行“九惠之教”，即：“一曰老老，二曰慈幼，三曰恤孤，四曰养疾，五曰合独，六曰问疾，七曰通穷，八曰振困，九曰接绝。”

所谓老老，就是在城邑和国都设置“掌老”的官。规定年过七十的老人，一个儿子免除征役，每年三个月官家送肉；八十以上的老人，两个儿子免除征役，每月官家送肉；九十以上的老人，全家免除征役，每天有酒、肉的供应。这些人死了，君主供给棺椁。还要劝勉他们的子弟：细作饮食，询问老人要求，了解老人的嗜好。

所谓慈幼，就是在城邑和国都设置“掌幼”的官。凡是士民有幼弱子女而无力供养成为拖累的，规定养三个幼儿即可免除“妇征”，养四个全家免除“妇征”，养五个还配备保姆，官家发给两人份额的粮食，直到幼儿能自理生活为止。

所谓恤孤，就是在城邑和国都设置“掌孤”的官。规定士民死后，子女孤幼，无父母抚养，自己不能独立生活的，就归同乡、熟人或故旧抚养。代养一个孤儿的，一个儿子免除征役；代养两个，两个儿子免除征役；代养三个，全家免除征役。“掌孤”要经常了解情况，一定要了解孤儿的饮食饥寒和身体情况，便于及时救助。

所谓养疾，就是在城邑和国都设置“掌养疾”的官。聋、盲、喑、哑、瘸腿、半身不遂、两手拳曲而不能伸开的人们，不能自理生活的，官家就养在“疾馆”里，供给饮食，直到身死为止。

所谓合独，就是在城邑和国都设置“掌媒”的官。男子没有妻室的叫作鳏，妇女没有丈夫的叫作寡，取鳏寡而加以配合，给予田宅而使之安家。三年后，他们就可以给国家提供职役了。

所谓问病，就是在城市、国都设置“掌病”的官。士民有病的，“掌病”以君主的旨意进行探视慰问。九十岁以上的，每天一问；八十以上的，两天一问；七十以上的，三天一问；一般病人，五天一问。病重者，向上报告，君主亲自慰问。“掌病”要巡行国内，以慰问病人为专职。

所谓通穷，就是在城市、国都设置“通穷”的官。贫穷夫妇没有居处的，贫穷宾客缺少粮食的，所在乡里及时报告，给予赏赐；不报告，给予惩罚。

所谓振困，就是指凶年的时候，为人佣工的人往往贫困而多病，官府要及时宽缓刑罚，赦免罪人，发放仓库的粮食来供应他们。

所谓接绝，就是对死于国事或死于战争的人士，使其生前友好或故旧领取国家一笔钱，负责祭祀他们。

除了政府设专官负责社会救济救助工作外，管仲还动员甚至责令豪富之家与大夫出资济贫扶弱，共谋社会的稳定与和谐。

由此可知，《管子》主张通过社会保障机制和体系建设，实施社会福利措施，卓有成效地解决弱势群体的生存问题，最后达到整个国家的和谐与稳定。

可见，《管子》追求的是建设和谐国家的远大目标，为了实现这一目

标提出的相关国家管理的主张，是非常深邃的。

廉政思想

廉政思想是《管子》国家管理思想中的理想境界。

《管子》的廉政思想根源于深层次的清廉为美的美学思想。《水地》篇有一段赞美玉的文字，这样写道：玉所以贵重，是因为它有九种美好的品质。温和滋润而有光译，是它仁的品质；清晰而有纹理，是它智的品质；坚硬而皱缩，是它义的品质；清正而宜人，是它正直的品质；鲜亮而没有污垢，是它纯洁的品质；可折而不可屈，是它威勇的品质；缺点和优点都可以表现在外面，是它诚实的品质；光彩华美，相互渗透却不混杂，是它外表上的品质；敲击起来，其声音清扬远闻，纯而不乱，是它音质上的品质。所以君主总是把玉看得很贵重，收藏它作为宝贝，琢磨它成为符瑞，玉的九种品德全都表现出来了。在《管子》看来，九种品质是玉的价值所在。而九种品质的本质是清廉纯洁。所以人们常用“白璧无瑕”“冰清玉洁”等来形

五彩玛瑙瑗

装饰品。战国时期。内厚外薄，用自然生成的红、白、黄、绿、黑多色玛瑙制成。外径9厘米。1995年临淄区相家庄战国墓地出土。现藏于山东省文物考古研究所。

白玉透雕龙凤佩

装饰品。战国时期。双首龙形，龙首背向，引颈高昂。龙身内透雕对称的双凤。长8.8厘米，宽5.8厘米。1992年临淄区稷下街道商王村战国墓地出土。现藏于山东省淄博市博物馆。

容玉。即便玉偶有不纯之处，也因为玉具有“缺点和优点都可以表现在外面”的“诚实的品质”，所以也就宽容地说“瑕不掩瑜”。

白玉透雕双龙瑗

装饰品。战国时期。双龙透雕，左右对称，缠绕于环。龙首曲颈向上，伸于环外，云纹长冠向上卷出，龙尾细长，向内弯曲。长11厘米，宽10.5厘米。1992年临淄区稷下街道商王村战国墓地出土。现藏于山东省淄博市博物馆。

那么，玉的美好品质是怎么产生的呢？《管子》认为产生于水。《水地》说：“水集于玉而九德出焉。”《管子》进一步认为，水是生命和万物之本原。正是无色无味的清水不仅成就了玉的美质，而且也成就了人的美德。对此，《水地》又说：“水表面上柔弱而清澈，却能够洗去人的污秽，这是水宽仁的本性；水深了看起来颜色发黑，但本身是清白的，这是水精纯的特征；水在容器里满了就会溢出来，不需要用工具刮平，这是水清正的特征；水在任何地方都会流动，流到平衡为止，这是水公平的特征；人都往高处走，只有水往低处流，这是水谦卑的特征。”正因为水具有“宽仁”“精纯”“清正”“谦卑”的美德和“流水不腐”的特性，所以“人们的思想如果像水那样纯正专一，那么一切行为就会端正了；民众的心灵如果像水那样清澈干净，那么社会国家就会变好了。因为，人们的思想端正了，就不会产生不好的欲望；民众的心灵变好了，就不会出现邪恶的行为。”

透雕龙螭纹玉环

装饰品。战国时期。白玉，内外缘饰陶纹，陶纹之间透雕双龙、双螭，左右对称，动感极强。外径6.1厘米。1992年临淄区稷下街道商王村战国墓地出土。现藏于山东省淄博市博物馆。

水晶玛瑙玲串饰

装饰品。春秋时期。由水晶、紫晶、玛瑙串等缀成一体，中部均有一穿孔。1972年临淄区郎家庄春秋墓地出土。现藏于临淄区齐国历史博物馆。

正是在上述水清为美、玉洁为美的美学思想指导下，产生了《管子》的廉政思想。不仅如此，《管子》

矩形龙纹大铜镜

照容用具。秦汉时期。长方形。镜背中央及上下两端各铸一枚弦纹环形钮。环钮四周饰柿蒂形纹。主纹为云气形的蟠螭纹图案。1979年临淄区大武窝托村汉齐王墓陪葬坑出土。现藏于山东省淄博市博物馆。

嵌金银镶松绿石铜镜

照容用具。战国时期。镜体圆形，表面呈铜绿色。铜钮以三环呈鼎足之势。构图作四等份，饰云纹，错以金银丝，镶松绿石，嵌银质乳钉九枚。1963年临淄区稷下街道商王村出土。现藏于山东省博物馆。

还把廉政上升到管理国家的四大法宝之一的高度来认识。对此，《牧民》说："国有四维，……一是礼，二是义，三是廉，四是耻。"这里，《管子》把"廉""耻"与"礼""义"同样看待了，因为"有廉，就不会掩饰过错；有耻，就不会趋从坏人"。《管子》的这一思想，在与管仲齐名的齐国又一名相晏婴那里，得到了进一步发扬和光大。晏婴说："廉政就能使国家长治久安。这是因为廉洁的政治行为就像水一样。清清的流水是多么的美好啊，……它的清澈没有什么东西不能够洗净。所以水能够长久。"

当人类社会的历史进入21世纪之后，在中国深化改革开放，在科学发展观的指导下阔步走在建设全面小康社会的过程中，中共中央总书记、国家主席胡锦涛提出了中国特色社会主义的八荣八耻观，即："以热爱祖国为荣，以危害祖国为耻。以服务人民为荣，以背离人民为耻。以崇尚科学为荣，以愚昧无知为耻。以辛勤劳动为荣，以好逸恶劳为耻。以团结互助为荣，以损人利己为耻。以诚实守信为荣，以见利忘义为耻。以遵纪守法为荣，以违法乱纪为耻。以艰苦奋斗为荣，以骄奢淫逸为耻。"社会全义新荣辱观的提出，充满了共产党人的智慧，体现了时代特色，同时，结合《管子》的美学思想、廉政思想和廉耻观念，我们也不难看出，中国共产党对中华民族优秀传统文化的高度重视和继承创新。

那么，在国家管理中，怎样进行廉政建设呢？《管子》认为要以正行政。《法法》说："政，就是正。所谓正，就是用正确来规定万物之命。因此，圣人总是精修德性，确定中道来培植这个'正'字，宣扬这个'正'字，用来管理国家的。所以，'正'是用来制止过头而补不及的。过与不及都不是正，不正都会损害国家。"

透雕龙纹镜雕层

照容用具。战国时期。为夹层复合铜镜。直径10.95厘米，重125.3克。临淄区齐国故城内出土。现藏于山东省文物考古研究所。

《管子》往往把"正"与"公"结合起来，并把立"公正"，去私心作为廉政建设的重要内容。《任法》说："君主如果以公正原则来考论政事，凭法制来裁定是非，那么，管理起国家来就举重若轻了。现在的昏君就不是这样，往往用私心来看待事物，所以就有看不清楚的地方；往往用私心来听取情况汇报，所以就有听不清楚的地方；往往用私心考虑问题，所以就有认识不清楚的地方。这私心正是遭受蒙蔽、造成失位的原因。"《明法解》说："私意，是产生祸乱、滋长奸邪而危害公正原则的根源。"又说："奸臣专权，往往用行私来危害国家；如果这样的话，忠臣就无从执行公正的政策了。"

日光对称单层草叶镜

照容用具。汉代。直径为10.65厘米，缘厚0.2厘米。有铭文八字："见日之明，天下大明。"现藏于临淄区齐国历史博物馆。

《管子》认为，要想建设清廉政治，必须限制过度的欲望。因而主张国君要力戒淫乐玩好。《立政九败解》说："人君只要听从淫乐玩好的建议，就会导致失败。大凡淫乐之事，不外是筑宫室，修台池，聚珠玉，迷声乐之类的事情。这些都是浪费钱财、消耗民力、伤害国家的事情。而用这些东西侍奉君主的都是奸臣。君主要是听信他们的话，府库空虚了，积蓄枯竭了，奸臣当道而贤臣不进，优伶小丑也会决议国事了，这就等于把整个国都弃了，国家哪有不败亡的道理呢？"

另外，《管子》认为要建设廉政必须行法制、尚礼制、重教化等。

法治思想

田穰苴斩庄贾

田穰苴，春秋末期齐国大司马。以法治军，纪律严明。一次整军待发，监军庄贾晚到，立斩之。

（于佳画。选自《齐都名人》，百花文艺出版社2005年版）

齐威王

姓田，名因齐。田氏齐国第四代国君，在位37年。在邹忌辅佐下，推行改革，依法治吏，赏罚分明。曾厚赏即墨大夫而烹阿大夫。

（于受万画。选自《淄博名人》，山东文艺出版社2003年版）

《管子》认为法治是管理国家的行之有效的必要手段。

原始时代，社会关系比较简单，尚未出现阶级，故无阶级矛盾，社会矛盾也不突出，故以习俗维持社会生存，以原始民主制进行决策。殷商时代，以神权和王权管理国家。西周时期，周公制礼作乐，以礼乐管理国家。春秋时期，礼崩乐坏，于是出现了以法管理国家。对此，梁启超说："法家成为一学派，时代颇晚，然所谓'法治思想'者，其渊源抑甚古。盖自宗法政治破坏以后，为政者不能不恃法度以整齐其民，于是大政治家竞以此为务。其在春秋，则管仲、子产（郑）、范蠡"。（《先秦政治思想史》，载《饮冰室合集》，中华书局1989年版，专集之五十，第66页）张岱年说："多年以来，许多哲学史著作讲述先秦法家思想，以商鞅、申不害、韩非子为代表人物，事实上这是片面的观点。商、申、韩非，可称为三晋法家（商鞅在秦国实行变法，但他本来自魏国）。在三晋法家之外，这有推崇管仲的齐国法家。实际上，古代常以‘商、管’并称。《韩非子·五蠹篇》说：‘今境内之民皆言治，藏商、管之法者家有之。’宋明理学家多訾议‘管、商功利之说’。《管子》是法家的大宗，这是历史的事实。齐法家与三晋法家的主要不同之点，是立论比较全面，既强调法治，也肯定了道德教育的必要性，避免了商、韩忽视文教的缺点。《管子》书包容虽广，但实以齐法家政治思想为主导。齐法家以‘法、术’思想为主，兼综‘道、儒’等家学说，内容非常丰富。儒家学说，‘迂远而阔于事情’；三晋法家，严酷而有违于人道；唯齐法家阐扬了比较全面的治国之道，既倡导务于实际，又重视道德理想。”（胡家聪《管子新探》序，中国社会科学出版社1995年版，第2页）由此可知，最早倡导以法管理国家者当首推《管子》。

淳于髡

姓淳于，名髡。战国时期齐人，早期稷下先生。滑稽善辩，曾以隐语讽谏齐威王罢长夜之饮，又以隐语说邹忌，提出以法治吏的主张。

（于受万画。选自《淄博名人》，山东文艺出版社2003年版）

《管子》的法治思想主要有以下几项要义或特点：

其一，法治的重要性和必要性。

《管子》认为：法是御民治国的规范，判定是非的尺度。对此，《权修》说：“凡是治理人民的，都要求人民服从管理。要让人民服从管理，就不可不重视法的作用。”《任法》说：“法是君主用来统一人民行动使用属下的。”“法是天下的最高准则，是圣明君主的法宝。”《禁藏》说：“法是天下的仪表，是用来解除疑难而判明是非的，是与百姓生命攸关的至宝。”《七法》说：“尺寸，绳墨，规矩，衡石，斗斛，角量等，叫做法。”《七臣七主》说：“法律政令，是治理人们的规矩绳墨。矩不正，不能求

方；绳不中，不能求直。”《法法》说：“规矩，是矫正方圆的。人虽有巧目利手，也不如粗笨的规矩能矫正方圆。所以，巧人可以制造规矩，却不能废弃规矩而正方圆。同理，圣人能制定法度，却不能废弃法度而治理国家。所以，虽有非凡的智慧，高尚的品德，违背法度而治国，就等于废弃规矩来矫正方圆一样笨拙了。”在此，《管子》充分肯定了法治胜于人治，以法管理国家乃正道也。

《管子》认为：法是劝善惩恶的利器，兴功止暴的法宝。法的消极功能在惩恶止暴，其积极功能在立公正之道以劝善兴功。对此，《七臣七主》说：“所谓法，是用来提倡立功而威慑行暴的；所谓律，是用来明确本分而制止争端的；所谓令，是用来命令人们管理事务的。”《法法》说：“明王在上，道和法通行于国，人民就都会舍弃爱干的私事而去做符合国家利益的事情了。……这样，贤人知所劝勉而暴人平息。贤人劝勉而暴人平息，功业就随之而立了。”《明法解》说：“明君，握有法度控制的力量，所以群臣都不敢行恶。百姓也会依法办事。所以奸诈的人不能欺骗君主，嫉妒的人无法行害人之心，阿谀逢迎的人不能用其机巧，千里之外的人也不敢为非作歹。”又说：“法度是君主用来控制天下而禁止奸邪的，是用来统治海内而奉事宗庙的。”

总之，在《管子》看来，法律是管理国家的法宝，有之则国治，无之则国乱。

其二，立法的原则和法律特征。

双龙把手簋

食器。西周时期。簋侈口，束颈，鼓腹，圈足。腹两侧各有一个龙形把手。通高21.4厘米，腹深13厘米，口径19厘米，最大腹围77厘米。1964年临淄区齐都镇河崖头村出土。现藏于临淄区齐国历史博物馆。

《管子》认为，君主制时代，立法之人，自然是国君。《任法》说："生法者君也。"然而君主却不能随心所欲地立法，而是要依照一定的原则来立法。主要原则有下列几项：

一是顺民原则。《形势解》说："人主之所以令行禁止，是因为发布的'政令'为民所好，'禁令'为民所恶。人之常情没有不好生而恶死，没有不好利而恶害的。所以君主发令要使人能够生存获利，这样政令就能推行；君主行禁要禁止杀人和害人，这样施禁就能制止。命令之所以能够推行，必须做到民乐其政才行。"又说："法立而民乐从，令出而民接受，法令合于民心，就像符节那样的一致。"

↑龙纹瓦当

建筑材料。战国时期。直径15.3厘米。临淄区齐国故城内出土。

←树木双虎纹瓦当

建筑材料。战国时期，临淄区齐国故城内出土。

↓虎纹瓦当

建筑材料。战国时期，临淄区齐国故城内出土。

二是依自然原则。《版法解》说："版法者，法天地之位，象四时之行，以治天下。"

三是"随时而变，因俗而动"原则。《正世》说："必先观国政，料事务，察民俗，本治乱之所生，知得失之所在，然后从事，故法可立而治可行。"

四是简易划一原则。《法法》说："君有三欲于民，三欲不节，则上位危。三欲者何也？一曰求，二曰禁，三曰令。求必欲得，禁必欲止，令必欲行。求多者，其得寡；禁多者，其止寡；令多者，其行寡。求而不得，则威日损；禁而不止，则刑罚侮；令而不行，则下凌上。故未能有多求而多得者也，未有

遄台遗址
齐国建筑遗址。位于临淄区齐国故城内。

能多禁而多止者也，未有能多令而多行者也。”《禁藏》说：“以有刑至无刑者，其法易而民全；以无刑至有刑者，其刑烦而奸多。”

《管子》认为，法一旦产生之后，就相应地具备了这样几个基本特征：

一是至高无上性。《任法》说：“法是天下的至道。”《明法解》说：“法是天下的程式，万事的仪表。”此之法，类似今日国家之宪法。

二是公开性。《君臣下》说：“国有常式，故法不隐，则下无怨心。”立法之后必须以成文的形式公布于众，法律只有公开公布，才能使吏民皆知有所避就，有所遵循。

三是强制性。《法禁》说：“法制不议，则民不相私；刑杀毋赦，则民不偷于为善；爵禄毋假，则下不乱其上。三者于藏官则为法，施于国则成俗，其余不强而治矣。”法制有其强制性和必然性，才可为天下之仪表，为臣民所奉行而不逾。

四是稳定性。《任法》说：“故黄帝之治也，置法而不变，使民安其法者也……失君则不然，法立而还废之，令出而后反之，枉法而从私，毁令而不全。”意思是说，法律制定后，就应有相对的稳定性，不可轻言更易，更不能朝令夕改和徇私枉法。反之，民则无从遵循和不信法制了。

五是常规性。《正》说："如星辰之不变，如宵如昼，如阴如阳，如日月之明，曰法。"《君臣上》说："法制有常，则民不散而上合。"反之则如《法法》所言："国无常经，民力必竭。"

其三，司法程序。

立法之后重在司法。如果司法工作做不好，落不到实处，法律也就成了一纸空文，若此，也就等于无法。为了保证司法工作正常而有效地推行，《管子》认为必须做到以下几点：

一是法律平等，贵贱共守。立法原则之一是本乎天地自然之道。天地自然之道是无私和平等，因而法也应具平等性。所谓法律平等，就是说在法律面前，君臣民不分贵贱亲疏，一视同仁，都要遵守。《任法》说："法是存亡治乱的根源，是圣明君主用来作为天下最高标准的。无论君主或群臣，上层或下层，贵者或贱者，都必须一律遵守，所以叫做'法'。"《任法》说："君臣上下贵贱皆从法，此谓大治。"

二是执法以"公"，断事以"理"。《版法解》说："司法不可以不正，操持不正，则听治不公。听治不公，则治不尽理。""审治刑赏，必明经纪；陈义设法，断事以理；虚气平心，乃去怒喜。"

三是有法可依，执法从严、必难。《法禁》说："君壹置则仪，则百

雪宫台遗址

齐国建筑遗址。位于临淄区齐国故城东门外。

梧台遗址

齐国建筑遗址。位于临淄区齐国故城西北约10公里，今梧台镇梧台北村。

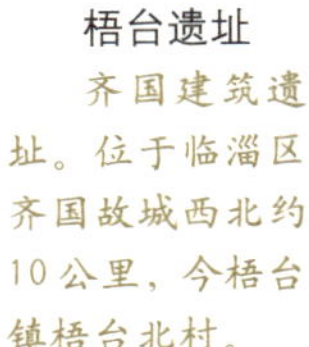

官守其法；上明陈其制，则下皆会其度矣。”反之，“君之置其仪也不一，则下之倍法而立私理者必多矣。是以人用其私，废上之制，而道其所闻。”这就势必导致“下与官列法，而上与君分威。国家之危，必自此始矣”。这段话从正反两方面论述了有法可依，有法必依的重要性。为了保证有法必依，上令下行，管子进一步提出了执法从严、必难的主张。《重令》篇讲到“五死”之禁。除“严”之外，还要从“难”。这是因为“先易者后难，先难而后易，万物尽然”。

四是君主率先垂范，禁胜于亲贵，罚行于便辟。行法难在何处?难在立法者自身和近亲，故而《管子》从积极的角度提出立法者、执法者要以身作则，以法为准，率先垂范；从消极的角度提出立法者和执法者要做到禁胜于亲贵，罚行于便辟。《法法》说：“禁胜于身则令行于民矣。”“明君知民之必以上为心也，故置法以自治，立仪以自正也。故上不行，则民不从彼。民不服法死制，则国必乱矣。是以有道之君，行法修制，先民服也。”《重令》说：“凡令之行也，必待近者之胜也，而令乃行。故禁不胜于亲贵，罚不行于便辟，法禁不诛于严重，而害于疏远；庆赏不施于卑贱二三，而求令之必行，不可得也。”若此，法就可以得到实施，而国家自然也就得到有效管理了。

其四，赏罚之术。

《管子》认为赏罚是君主用来管理国家的两件法宝。《君臣下》说：“君之所以为君者，赏罚以为君。”《明法解》说：“人主之治国也，莫不有法令，赏罚具，故其法令明。”那么怎样用好这两件法宝呢？君主至少应做到以下三点：

人形足敦

食器。春秋时期。1964年临淄区齐都镇出土。现藏于临淄区齐国历史博物馆。

一是赏罚以法。《管子》认为，行赏罚不以君主的好恶和臣下的意志为转移，而必须依据法律为标准。《任法》说：“故主有三术，夫爱人不私赏也，恶人不私罚也，置仪设法以度量断者，上主也。爱人而私赏之，恶人而私罚之，倍大臣，离左右，专以其心断者，中主也。臣有所爱而为私赏之，有所恶而为私罚之，倍其公法，损其正心，专听其大臣者，危主也。”《明法解》说：“明主之治也，当于法者赏之，违于法者诛之。故以法诛罪，则民就死而不怨；以法量功，则民受赏而无德也，此以法举错之功也。”

二是信赏必罚。《管子》认为，欲使法治之政能贯彻而有效，还必须做到赏罚信必。唯其信赏必罚，才能使法律具权威，才能昭大信于民。《七法》说：“言是而不能立，言非而不能废，有功而不能赏，有罪而不能诛，若是而能治民者，未之有也。”《九守》说：“用赏者贵诚，用刑者贵必。刑赏信必于耳目之所见，则其所不见莫不暗化矣。”《版法解》说：“刑赏信必，则善劝而奸止。”

三是赏罚贵明、贵当。《管子》认为赏罚应该得当。《明法解》说：“乱主不察臣之功劳，誉众者，则赏之；不审其罪过，毁众者，则罚之。

如此者，则邪臣无功而得赏，忠正无罪而有罚。故功多而无赏，则臣不务尽力；行正而有罚，则贤圣无从竭能。行货财而得爵禄，则污辱之人在官，寄讬之人不肖而位尊，则民倍公法而趋有势。如此，则悫愿之人失其职，而廉洁之吏失其治。故《明法》曰：'官之失其治也，是主以誉为赏而以毁为罚也'……明主之治也，……功充其言则赏，不充其言则诛。"《枢言》说："明赏不费，明罚不暴。赏罚明，则德之至者也。"《明法解》说："人主之治国……其法令逆，而赏罚之所立者不当，则群臣立私而壅塞之，朋党而劫杀之。"

礼义思想

礼、法是政治实体不可缺少的组成部分。这两者有联系，又有区别，互相补充，缺一不可。但各自又有不同的针对性。礼是由传统和习俗形成的行为规范，后又进行自觉和人为化；法是由人明确制定的具有强制性的规定。礼作为习惯与传统，有着久远的历史和深厚的社会基础；而法则多因事而作，具有较强的时代性。

孔子（公元前551年—公元前479年），名丘，字仲尼。春秋鲁人。中国古代伟大的思想家、教育家、儒家学派创始人。"仁""礼"是孔子思想体系的内核。

因而，《管子》认为，如同法一样，礼义也是从事国家管理的行之有效的必要手段和方法。并且，礼义用于管理国家的历史要比法更悠久些。

西周初叶，周公制礼作乐，建立了一套维护社会秩序和宗法伦理的行为规范。春秋时期，礼崩乐坏，社会无序。为了恢复社会秩序，出现了法治。但是礼的影响依然存在，许

多政治家和思想家认为恢复周礼应是救世的选择。三晋法家主张行法治，儒家主张行礼制。孔子说："克己复礼为仁。""一日克己复礼，天下归仁焉。""道之以政，齐之以刑，民免而无耻。道之以德，齐之以礼，有耻且格。"在此，三晋法家和邹鲁儒家各执一端。而齐国管仲学派独不然。管仲学派主张以法管理国家，却不排除道德礼义。对此，张岱年先生说："齐法家与三晋法家的主要不同之点，是立论比较全面，既强调法治，也肯定了道德教育的必要性，避免了商、韩忽视文教的缺点。……唯齐法家阐扬了比较全面的治国之道，既倡导务于实际，又重视道德理想。"（胡家聪《管子新探》序，中国社会科学出版社1995年版，第2页）

陶列鼎

礼器。战国时期。一组五件。直口微敛，宽平沿，方唇，腹部微鼓，圜底近平，三蹄形足，有盖，弦顶近平，饰四环形纽。口径56.7—61厘米，高59.7—60厘米。1990年临淄区田齐王陵墓出土。现藏于山东省文物考古研究所。

管仲学派的确很重视道德礼义在管理国家中的作用。《牧民》说："国有四维，一维绝则倾，二维绝则危，三维绝则覆，四维绝则灭。……何谓四维？一曰礼、二曰义、三曰廉、四曰耻。"还说："四维张则君令行……四维不张，国乃灭亡。"在此，《管子》突出了道德礼义在管理国家中的重要地位和巨大作用。

那么，道德礼义的内涵是什么呢？《五辅》说："德有'六兴'，义有'七体'，礼有'八经'。"

"德有六兴"是指：开垦田野，建造住宅，讲求种植，劝勉士民，鼓

↓陶列簋

礼器。战国时期。器身呈深腹钵形，下有圈足，置于方座上，腹两侧各留有一孔，内装有两兽耳，弧项顶盖，上有五个莲花式提手。口径24.7厘米，底径11.2厘米，通高24.5厘米。1990年临淄区田齐王陵墓内出土。现藏于山东省文物考古研究所。

↑编钟

乐器。战国时期。共八件，形制相同，大小依次排列。最大者通高57.6厘米，重16.5千克；最小者通高19.1厘米，重2.35千克。1979年临淄区齐都镇大夫观村出土。现藏于临淄区齐国历史博物馆。

励耕作，修缮房屋，叫做改善人民生活。开发潜在的财源，疏通积滞的物产，修筑道路，便利贸易，注意送往迎来，叫做给人们输送财货。疏浚积水，开凿沟洫，修通回流浅滩，清除泥沙淤滞，挖开河道堵塞，架设渡口桥梁，叫做给人们提供便利。薄收租税，轻征捐赋，宽减刑罚，赦免罪犯，宽恕小过，叫做实施宽大的政治。敬养老人，慈恤幼孤，救济鳏寡，关心疾病，吊慰祸丧，叫做救人危急。给寒冷的人衣服，给饥渴的人饮食，救助贫穷，赈灾济困，资助急需之人，叫做救人之穷困。这六个方面都是兴举德政。

“义有七体”是指：用孝悌慈惠来奉养亲属，用恭敬忠信来侍奉君主，用公正友爱来推行礼节，用端正克制来避免犯罪，用勤俭节约来防备饥荒，用敦厚朴实来预防祸乱，用和睦协调来防止敌寇。这七个方面都是义的内容。

“礼有八经”是指：上下有礼仪，贵贱有本分，长幼有次序，贫富有法度。这八个方面是礼的纲领。

鎏金编钟

乐器（冥器）。西汉时期。1983年临淄区稷山墓出土。现藏于临淄区齐国历史博物馆。

如果说礼主要是规范、制约人们外在行为的话，那么义则主要是培育、规正人们内在的思想和道德。礼是外在的，义和道德是内化的。人知礼不知义不行，知义不知礼也不行，只有做到思与行、情与德、礼与义的完美统一，方可达到良好的治国理民效果。正如《五辅》说："上下和同而有礼义，故处安而动威，战胜而守固，是以一战而正诸侯。"亦如《君臣下》说："义审而礼明，则伦等不逾，虽有偏卒之大夫，不敢有幸心，则上无危矣。"

那么，道德礼义和法是一种什么关系呢?《五辅》认为："人民知道'德'，而未必懂得'义'，然后就应该以身作则以教民行义。""人民知道'义'，而未必懂得'礼'，然后就应该整顿'八经'以教民行礼。""人民知道'礼'，而未必懂得'务'，然后就应该以法令安排人力。"意思是说，管理国家单靠德、礼、义、法的任何一方面都不行，必须综合而用方可见效。由此来看，德义礼法不可取代，只能并存互用。因而，《枢言》说："法出于礼，礼出于治，治礼道也。""治"，何如璋谓：乃"名"字，以形近而误。又曰："名者，事物分别之名，道之出于实也。《论语》'名不正则言不顺，言不顺则事不成'，义同。"在此，《管子》将"礼"与"法"统一起来了。《形势解》亦说："法度者，万民之仪表也；礼义者，尊卑之仪表也。"意思是说礼义与法度同具仪表的性质，且有仪表的作用。在此，《管子》将"礼"与"法"再次统一了起来。

道德礼义的养成离不开培育和教化，因而管子高度重视教化的功能。《权修》说："凡是治理人民的，应该使男人没有邪僻行为，女人不能发

编磬

乐器。战国时期。1992年临淄区稷下街道商王村战国墓地出土。现藏于临淄区齐国历史博物馆。

生淫乱的事情。如果使男人不行邪僻，使女人没有淫乱，就要靠教化和训导。教训一旦形成风气，变成习俗，刑罚就会大大减少，甚至不用了，这是自然的道理。”

我们有必要强调的是，《管子》的道德礼义思想至少还有以下两个特点值得密相关注：

一是礼义离不开经济基础。《牧民》说：“仓廪实，则知礼节，衣食足，则知荣辱。”

二是修礼义要从点滴做起。《权修》说：“凡是治理人民的，都要求人民走正道；要求人民走正道，就不能不禁止小的邪恶。因为，小的邪恶是大的邪恶的根源，不禁止小邪恶而想使大邪恶不危害国家，那是办不到的。凡是治理人民的，都要求人民有礼；要求人民有礼，就不可不重视小礼。因为，在国内不重视小礼，而要求百姓能行大礼，那是办不到的。凡是治理人民的，都要求人民有义；要求人民有义，就不可不实行小义。因为，在国内不行小义，而要求百姓能行大义，那是办不到的。凡是治理人民的，都要求人民有廉；要求人民有廉，就不可不重视小廉。因为，在国内不重视小廉，而要求百姓能行大廉，那是办不到的。凡是治理人民的，都要求人民有耻感；要求人民有耻感，就不可不整顿小耻。因为，在国内不整顿小耻，而要求百姓能避免大耻，那是办不到的。凡是治理人民，要求人民要从谨小礼、行小义、修小廉、饬小耻、禁止小的坏事做起，这就是训练人民的好办法。而人民能够做到谨小礼、行小义、修小廉、饬小耻、禁止小的坏事，就是管理国家和人民的根本所在了。”

黄老思想

黄老思想是把黄帝学说和老子学说相结合而产生的新的学说，又称为黄老之学。

这一新学说因与原始道家有着渊源关系，而又不同于原始道家，所以被学者们称为新道家。道法结合、以道论法，是黄老之学的主要理论特征。在黄老之学产生前，道、法两家基本上是对立的。早期道家老子认为“法令滋彰，盗贼多有”。对法家持排斥态度。早期法家只要求人们守法而不问为什么，对道家的一套形而上的理论丝毫不感兴趣。自从黄老之学开辟了道法结合、以道论法的道路后，黄老之学很快就取得了显赫的地位。

黄老思想产生于战国时期齐国的稷下学宫。由于稷下黄老学派诸子的著作都已绝传，《管子》中的黄老思想便成为稷下黄老之学成熟时期的主要代表。《管子》的黄老思想丰富而深刻，不仅在道家学说的发展史上占有重要的地位，更是《管子》国家管理思想体系的主要组成部分。

《管子》中的黄老思想最主要的概念是“道”。

那么，什么是道呢?《管子》认为，从形体上来看，道既大又小，既实又虚，既远又近，来去无影。对于道，人们眼不得见其形，耳不得闻其声，鼻不得嗅其味，手不得触其体，但它却像空气一样，充溢于天地之间，围绕于我们周围，无时不在，无处不在。对此，《心术上》说：“道在天地之间也，其大无外，其小无内，故曰‘不远而难极也’……道也者，动不见其形，施不见其德，万物皆以得，然莫知其极。故曰‘可以安而不可说’也。”《内业》说：“夫道者，所以充形也，而人不能固。其往不复，其来不舍。谋乎莫闻其音，卒乎乃在于心；冥冥乎不见其形，淫淫乎与我俱生。不见其形，不闻其声，而序其成，谓之道……道也者，口之所不能言也，目之所不能视也，耳之所不能听也……凡道，无根无茎，无叶无荣，万物以生，万物以成，命之曰道。”《白心》说：“道之大如天，其广如地，其重如石，其轻如羽。”《宙合》说：“道也者，通乎无上，详乎无穷，运乎诸生。”

司马迁

字子长，生于公元前145年，卒年不详。中国古代伟大的历史学家，著有《史记》。其父司马谈，著有《论六家要旨》。父子两人均推崇黄老思想。

（罗国仕画。选自《司马迁与史记论集》第六辑，陕西人民出版社2004年版）

《管子》认为万物皆有道，故成其万物。天有天道，地有地道，人有

环渊

又名渊，战国楚人。稷下先生。黄老道家学派的代表人物之一。

（韩家平画。选自《淄博名人》，山东文艺出版社2003年版）

人道。君有君之道，臣有臣之道，处世为人做事皆有道。只有认识、把握了万物之道，并自觉地按照道来行动，事情才可成功，否则就会失败。对此，《形势》说："道往者，其人莫来，道来者，其人莫往。道之所设，身之化也。持满者与天，安危者与人。失天之度，虽满必涸；上下不和，虽安必危。欲王天下，而失天之道，天下不可得而王也。得天之道，其事若自然；失天之道，虽立不安。其道既得，莫知其为之；其功既成，莫知其释之。藏之无形，天之道也。"

《管子》对道的认识并未停留于此，而是进一步认为由于掌握道的人有别，或不同的人掌握道的程度有异，所以事情的结果也是不同的。对此，《形势》又说："道之所言者一也，而用之者异。有闻道而好为家者，一家之人也。有闻道而好为乡者，一乡之人也。有闻道而好为国者，一国之人也。有闻道而好为天下者，天下之人也。有闻道而好定万物者，天地之配也。"《白心》说："道者，一人用之，不闻有余；天下行之，不闻不足。此谓道矣。"同理，管理国家也必须合乎道。得道则国安、国治，失道则国危、国乱。对此，《君臣下》说："天下道其道，则至，不道其道，则不至也。"《心术下》说："执一之君子执一而不失，能君万物。"《兵法》说："明一者皇，察道者帝，通德者王。"此所谓"一"者，即"道"也。此之"德"即道的载体。如《心术上》说："虚而无形谓之道，化育万物谓之德。""德者，道之舍。"意谓道为德之体，德为道之用，此一物之两面也，统言则无别，对言则有分。

《管子》认为天道、地道与人道之间的关系是：天人相调、依次效法，即人法地，地法天，天法道，道法自然。依据这一原则，法、礼都出于道。对此，《心术上》说："礼产生于理，理产生于义，义缘起于道。法是用来划一不齐的社会行为而不得不实行的，所以要用刑罚杀戮等手段。事事都要用法来督察，法要根据权衡利弊得失来制定，而权衡利弊得失则是以道为根据的。"由此可知，以道管理国家乃管子学的最高政治哲学概念，礼、义、法、刑都要合于道的特质和要求。因而，《管子》主张君主建章立制，发号施令，首先要合于天道，其次要顺应民心。只有如此，其政令才不会失效，其事业才不会失败。（《白心》）

季真　接予

季真，战国齐人。稷下先生。主张"莫为"，黄老道家学派的代表人物之一。

接予，战国齐人，稷下先生。其说有"或使"之议。黄老道家学派的代表人物之一。

（蒋衍山画。选自《淄博名人》，山东文艺出版社2003年版。）

那么，天地之道是什么呢？《管子》认为，天地之大，是承载万物的；日月之光，是化育万物的。天地日月不会对某一事物存有爱或恨，也不会为某一事物的需要而改变自己的运行规律。（《白心》）将此道推及政治，势必要求君主像天地日月那样，以公正无私之心对待天下苍

宋钘

战国宋人。稷下先生。属黄老道家学派，兼采儒墨。

（韩家平画。选自《淄博名人》，山东文艺出版社2003年版）

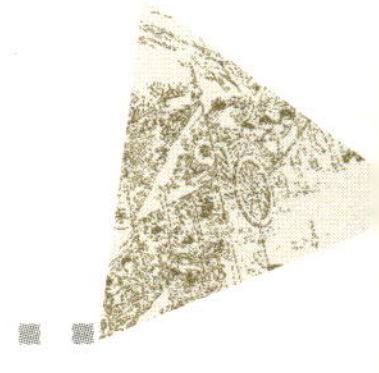

尹文

战国齐人。稷下先生。黄老道家学派的代表人物之一。

（蒋衍山画。选自《淄博名人》，山东文艺出版社2003年版。）

生。正如《版法解》所说：君主要正心诚意。只要“心正，就不会偏爱于近亲，也不会加害于疏远。不偏爱近亲，不加害疏远，国财就不会流失，民间就没有冤案。国无失财，民无冤案，事业就会有成，国家就会富强”。《牧民》也说：君主要“像天地对待万物那样对待人民，没有什么偏私偏爱；像日月普照一切那样惠及人民，没有什么厚此薄彼。只有如此，才是君主所为，才算得上君主的气度”。

《管子》认为天道虚而无形，地道静而不躁。由于虚，就不会遭受挫折；由于静，就能免于失误。将此道推及政治，势必要求君主清心寡欲，虚怀若谷，静观天下。正如《心术上》所说：如果君主充满了欲望，那么他的“眼睛就看不见颜色，耳朵就听不到声音”；只有“排除私欲，没有主观成见，神明的境界才能出现。事物总是好像杂乱无章，但只要静下心来，就会变得有条不紊。一个人能力再强，也不能把所有的事情做好；一个人智慧再高，也不能把所有的道

慎到

战国赵人。稷下先生。黄老道家学派的代表人物之一。

（韩家平画。选自《淄博名人》，山东文艺出版社2003年版）

理想通。因而，追求智慧，不如保持心的虚空；追求能力，不如保持心的宁静。先圣先贤都是无所追求的，所以能够做到虚与静”。又说：“寡欲则心清，心清则通达，通达则虚静，虚静则专一。心意专一则独立于万物之上，独立于万物之上则明察一切，明察一切就达到神的境界了。”《心术下》说：“君主如果能够进入正和静的境界，身体就会筋舒骨强，顶天立地；目如日月，洞察万物。只要不失掉正与静，其德行将与日俱新，而且能遍知天下。”《权修》说：“举事如神，唯王之门。”

田骈

战国齐人。稷下先生。一位由道入法的思想家。

（韩家平画。选自《淄博名人》，山东文艺出版社2003年版）

《管子》认为，日月有不明的时候，但天不会变；山高有看不见的时候，但地不会变。这不变之天地既指其形体，又指其存在和运行的规律。因而《管子》进一步认为天不会改变它的常规，地不会改变它的法则，春夏秋冬不会改变它的节令，从古到今都是这样的。如果顺应了这一天地之道，那么成就事功就很自然了；如果违背了这一天地之道，那么即便暂时成功终究也会失去。(《形势》) 将此道推及国家管理，势必要求君主善于把握规律，掌控全局。正如《七法》所说：“探索天地的元气，寒暑的协调，水土的性质以及人类、鸟兽、草木的生长繁殖。虽然事物繁多，但都有一个共同性，而且是不变的，这就叫‘规律’。不明白规律，而想要立法定制，就好比把测量时辰的标杆插在转动着的陶轮上，摇动竹竿而妄想稳定它的末端一样。……所以说，立法定制，不了解规律不行。”

《管子》认为天虚地静之道表现为不言与无为，然万物均赖之以生，民皆用之，而知之者寡。将此道推及国家管理，势必要求君主“处无为之事，行不言之教。”(《老子》第二章)《心术上》说：“道也者，动不见

太阳鸟瓦当

建筑材料。战国时期。临淄区齐国故城内出土。

其形，施不见其德，万物皆以得，然莫知其极。”又说：“天曰虚，地曰静……故必知不言无为之事，然后知道之纪。……是故有道之君，其处也，若无知，其应物也，若偶之，静因之道也（虚静与因依）。”对于这一“无为之谓道”。《乘马》说：“无为者帝，为而无以为者王，为而不贵者霸。”《形势》说：“上无事则民自试，抱蜀（祠器）不言而庙堂既修。”“其功顺天者天助之，其功逆天者天违之。天之所助，虽小必大；天之所违，虽成必败。顺天者有其功，逆天者怀其凶，不可复振也。”

《管子》关于君主无为而治的主张是有前提的，这个前提就是臣要有为。《管子》以心与九窍的关系比喻君主与臣下的关系，心有心的功能，九窍有九窍的功能，不能互相取代。对此，《心术上》说：“心在人体，处于君主的地位；九窍在人体，处于臣下的地位。心的活动合于正道，九窍就能按常规工作。……不要代替马去跑，要让马自尽其力；不要代替鸟去飞，要让鸟展开自己的翅膀。不要先物而动，要以静制动。动则失掉君主的地位，只有静才能把握事物的运动规律。”又进一步解释道：“心之在体，君之位也；九窍之有职，官之分也。”这是说耳目是管视听的器官，心不去干涉视听的职守，视听就得以尽到它们的本分。如果心去干涉耳目，那就有东西也看不见，有声音也听不到了。所以说，上离其道，下失其事。所以说，心的功能就是用虚静无为来管辖九窍的。“毋代马走，毋代鸟飞。”这是说君主不能取代臣下的职能，不要干预臣下的工作。“毋先物动”者，是因为摇摆就不能镇定，躁动就不能平静。没有镇定和平静，就不能观察和把握事物的发展规律了。君主应处在阴的地位。阴的性质是静，所以说“动则失位”。处在阴的地位可以制阳，以静的方法可以制动，所以说“静乃自得”。

《管子》以心与九窍的关系喻指君主与臣下的关系，因而“心术”实际上也就是“君术”，即人君南面驾驭群臣之术。这一君术的秘密如《君臣下》所说：“心道进退，而刑道滔赶。进退者主制，滔赶者主劳。”“心道”即君道，处于支配地位；“形道”即臣道，处于被支配的地位。君静臣动，君逸臣劳，君主要以静制动，行无为之治，才能使百官各尽其职。《枢言》说：“道之在天者日也，其在人者心也。”因此，君主修养的关键就在于“治心”，只要将心治好，掌握了“心术”，就不愁天下不治。对此，《内业》说：“治心在于中，治言出于口，治事加于人，然则天下治矣。”这就是《管子》国家管理思想的实践意义。

民本思想

先秦时期，民本思想的出现，开启了我国文化史上的一个新时代。

民本思想的首倡者应该是管仲，对这一思想的深刻论述保存在《管子》一书中。

田完

陈姓，田氏，字仲完。本为陈国公子，避陈国内乱，入齐，齐桓公任完为齐国工正。田完后裔田成子以大斗出贷，以小斗收，深得民心。最后田氏取得齐国政权，是为田齐。

（于受万画。选自《淄博名人》，山东文艺出版社2003年版）

《管子》认为，民是国家的基石，是争霸天下的根本。对此，《君臣下》说：“国之所以为国者，民体以为国。”《霸言》说：“夫霸王之所始也，以人为本。”《霸形》说：“齐国百姓，公之本也。”《小匡》说：“士、农、工、商四民者，国之石民也。”所谓石民，也就是基础、根基之民。可见，“以人为本”的“人”，指的是士、农、工、商等普

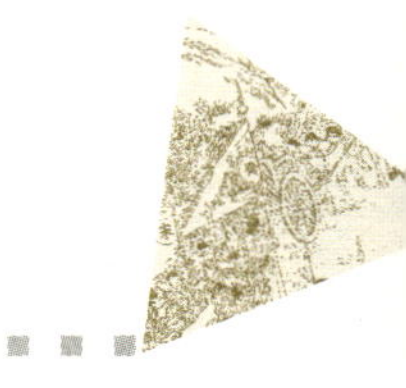

↑齐长城局部

通百姓。

为什么人的地位在《管子》书中受到这般重视？

首先，《管子》认为，人的生命是高天厚土赐予的，理应受到尊重，这是民本思想的哲学基础。《内业》说："凡人之生也，天出其精，地出其形，合此以为人。"在天、地、人中，《管子》甚至把人放在天的地位视之，把人比作天。《说苑·建本》记载了这样一个故事：一天，"齐桓公问管仲曰：'王者何贵？'曰：'贵天。'桓公仰而视天。管仲曰：'所谓天者，非苍苍莽莽之天也，君人者以百姓为天。'"

其次，《管子》认为，民既然是国家的根本，那么国家的治与乱、兴与亡都取决于民心向背，取决于统治者和国家的政策是否得到民的拥护和支持，取决于民是否得到应有的地位和权利。民安则国安，民治则国治；民乱则国乱，民危则国危。这是民本思想的政治学基础。对此，《霸言》说："以人为本，本理则国固，本乱则国危。"《说苑·建本》载："管仲曰：'……百姓与之则安，辅之则强，非之则危，背之则亡。《诗》云：人而无良，相怨一方。民怨其上，不遂亡者，未之有也。'"反之，如果不以人为"本"，则"小者兵挫而地削，大者身死而国亡"。（《五辅》）

再次，《管子》认为，既然民是公室和君主的立足之本，那么，公室是否安然，君主的统治是否稳固，民起着至关重要的作用。这是民本思想的社会学基础。对此，《五辅》说：作为一个英明的治国者，"所以取明名广誉，厚功大业，显于天下，不忘于后世，非得人者，未之尝闻。"而"暴王所以失国家，危社稷，覆宗庙，灭于天下，非失人者，未之尝闻。”因而，《管子》认为：“争天下者，必先争人。”（《霸言》）并进一步认为：“一年之计，莫如树谷。十年之计，莫如树木。终身之计，莫如树人。一树一获者，谷也。一树十获者，木也。一树百获者，人也。”（《权修》）管仲以一树所获为喻，说明了人的地位的重要。更具体地说，管子认识到了人在社会生产中的重大作用。

把民本思想应用到国家管理中去，这就使我国古代管理思想发生了一次深刻的革命。因为，此前，国家的统治者从不把民当作人看待，而以民为本的国家管理思想的基础是重视人的价值、尊严、需要和情感。这一新的国家管理思想和模式势必要求统治者至少做到以下诸项：一是爱民。《管子》认为，管理国家“始于爱民”。何谓爱民？《管子》说：“公修公族，家修家族，使他们的事业互相联系，俸禄互相补充，人民就相亲了。宽放旧罪，救助旧宗，为无后者立嗣，人口就增殖了。减少刑罚，薄收赋税，人民就富裕了。各乡选用贤士，使之施教于国，人民就有礼了。出令不改，人民就务正了。这就是爱民之道。”（《小匡》）管子进一步认为，“爱民而无偏私叫做‘德’，合乎众民所宜叫做‘道’。”（《正》）

《管子》的爱民思想传承于姜太公而又有所发展。《六韬·文韬》载：“文王问太公曰：‘愿闻为国之大务，欲使主尊人安，为之奈何？’太公曰：‘爱民而已。’文王曰：‘爱民奈何？’太公曰：‘利而无害，成而无败，生而无杀，与而无夺，乐而无苦，喜而无怒。……故善为国者，驭民如父母之爱子，如兄爱弟，见其饥寒则为之忧，见其劳苦则为之悲，赏罚如加于身，赋敛如取己物。此爱民之道也。’”不可否认的是，《管子》主张爱民的目的是用民，并且不能因爱民而损坏法律的尊严。《法法》说：

凤凰山齐长城

淄博市博山区凤凰山齐长城原址上修复600米的一段长城，供旅游观光。

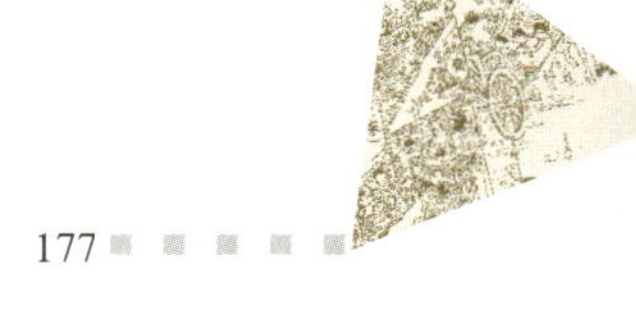

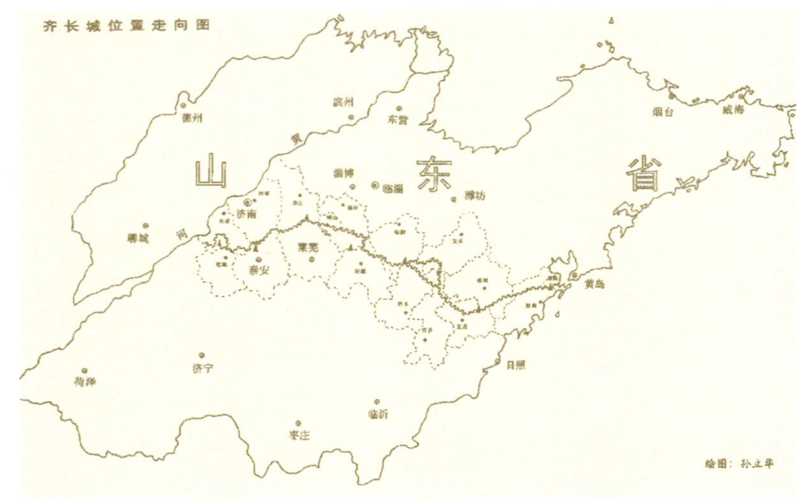

齐长城位置走向图
（选自《齐长城》，山东友谊出版社1999年版）

“考察君主之所以爱民，乃是为了使用他们而爱的。为了爱民的缘故，不怕毁坏法度，削减命令，那就失去爱民的意义了。”又说：明君“不会为爱民而削弱法度，爱法更甚于爱民。”这又表现出《管子》的爱民思想具有很大的时代局限性。

二是富民。《管子》认为，“善为国者，必先富民”。（《治国》）那么，怎样才能富民呢？重农方可富民。《五辅》说：“明王之务，在于强本事，去无用，然后民可使富。”君主掌握财源，不扰民方可富民。《禁藏》说：“善治国者，掌握住利源之所在，人民就自然羡慕而心向往之；无需推动，他们也会前进；无需引导，他们也会跟从；不烦不扰，人民就会富裕。这就像鸟孵卵一样，不见其形，不闻其声，小鸟就破巢而出了。”

《管子》进一步提出了藏富于民的主张。《权修》说：“野不积草，农事先也；府不积货，藏于民也。”不可否认的是，《管子》主张富民不是目的，只是管理国家的手段。《治国》开宗明义说道：“凡治国之道，必先富民，民富则易治也，民贫则难治也。奚以知其然也？民富则安乡重家，安乡重家，则敬上畏罪，敬上畏罪，则易治也。民贫则危乡轻家，危乡轻家，则敢陵上犯禁，陵上犯禁，则难治也。故治国常富，而乱国常贫。是以善为国者，必先富民。”这又表现出《管子》的富民思想具有很大的时代局限性。

三是利民。《管子》认为，人之常情，见利没有不追求的，见害没有不躲避的。商人做买卖，一天赶两天的路，夜以继日，千里迢迢而不以

铜舟形器

食器。春秋时期。形状似舟，故称舟形器。舟口径15.8－20.5厘米，高8.5厘米。1991年临淄区朱台镇高阳村西出土。现藏于临淄区齐国历史博物馆。

古人说，君者，舟也；民者，水也；水可载舟，水亦覆舟。

为远，是因为利在市场；渔人下海，迎风冒险，航行百里，昼夜踏波逐浪，是因为利在水中。所以，利之所在，即使有千仞的高山，人们也要爬；即使有万丈的深渊，人们也愿下。(《禁藏》)根据这一人的自然本性，神农氏教民耕作、生产粮食，以利人民；大禹亲身疏浚河道、铲高就低，以利人民；商汤王和周武王征伐无道、诛杀暴君，以利人民。他们的行动虽然有所不同，但有利于人民则是共同的。所以说“万事之任也，异起而同归，古今一也。”(《形势解》)因此，爱护人民，生育人民，教养人民，化育人民，做有利于人民的事情而不居功自傲，天下人都亲之、爱之，这就是有德的表现。也是管理国家的良方。

四是顺民。《管子》认为，政令所以推行，在于顺应民心；政令所以废弛，在于违背民心。人民怕忧劳，我便使他安乐；人民怕贫贱，我便使他富贵；人民怕危难，我便使他安定；人民怕灭绝，我便使他生育繁息。满足了上述四种人民的愿望，疏远的也会亲近；

人面纹瓦当

建筑材料。战国时期。直径15.4厘米。临淄区齐国故城内出土。

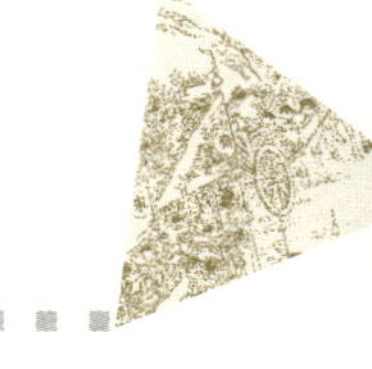

强行上述四种人民厌恶的事情，亲近的也会叛离。（《牧民》）因此，顺民心、合民意是管理国家的法宝。

五是赢得民心。《管子》认为，管理国家的根本所在是：掌握天时叫做“经”，赢得民心叫做“纪”，法令好比网罟的大纲，官吏好比网和罟，居民的什伍编制好比军队的行列，赏罚好比进退的金鼓。（《禁藏》）明显突出了民心向背在管理国家中的重要作用。那么怎样才能赢得民心呢？只能靠爱民、富民、利民、顺民，因为，“刑罚不足以畏其意，杀戮不足以服其心。”（《牧民》）

管子的民本思想，的确为我国的文化史和古代管理思想史谱写了光辉的一页，这是值得我们民族引为骄傲和自豪的一页。

明君思想

姜太公铜像

《管子》认为，君主制时代，在管理国家问题上，君主的作用至大至重，从某种意义上可以说，国之兴亡治乱，君主往往起着决定性的作用。如《七臣七主》所说：“一人之治乱在其心，一国之存亡在其主。天下得失，道一人出。”

为什么会这样呢？《管子》认为，如果把国家比作人体的话，那么君主就是人体的心脏。《君臣下》说：“君之在国都也，若心之在身体也。”《心术上》亦说：“心之在体，君之位也。”因而，治国的三大法宝"法""礼""道"都出于君主。对此,《任法》说:"有生法,有守法,有法于法。夫生法者君也,守法者臣也,法于法者民也。"《君臣上》说:"天有常象,地有常形,人有常礼……此谓三常兼而一之,人君之道也。"《君臣上》说:"道德出于君,制令传于相,事业程于官。"

齐桓公铜像

《管子》认为,君主有贤愚明暗之分,不可不审。《七臣七主》把君主分为以下七类,即申(信)主、惠主、侵主、芒主、劳主、振主和亡主。这七类君主以申(信)主为"是",其他六类皆为"过"。何谓申主?该篇说:"申主:顺应天下大势,遵循事物规律,建立常规常法。遍知远近情况,明察国家大事,掌握国家收支。法制健全,赏罚得当,臣民依法行动。德被苍生,亲和百姓,民风淳朴。这样的话,君主欢娱而安定,官吏敬肃而严谨,人民敦厚而和睦,百官没有邪吏,朝廷没有奸臣,民间没有侵夺之事,社会上没有受刑之人。"

齐威王铜像

《任法》把君主分为

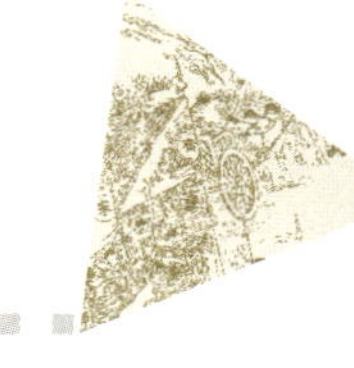

三种，即："喜爱某人却不进行私赏，厌恶某人却不进行私罚，确立仪法制度，以法断事的是上等的君主。喜爱某人就进行私赏，厌恶某人就进行私罚，既不听大臣忠言，又脱离左右属下，专凭个人之心断事的，是中等的君主。大臣喜爱某人，就替他私赏；大臣憎恶某人，就替他私罚；违背公法，丧失正心，一任大臣摆布的，是危亡的君主。"

齐宣王铜像

齐宣王，姓田，名辟强。田氏齐国第五代国君，在位19年。喜文学游说之士，稷下学宫达到鼎盛。

（选自《齐都名人》，百花文艺出版社2005年版）

《管子》作者类分君主的做法表现出了极大的勇气，因为在那个为尊者讳的时代，他们却把君主置于被评判的地位，其目的显然是主张明君管理国家。

那么何谓明君？

《管子》认为，生活有度，欲望有节者为明君。《戒》说："不以物惑。是故身在草茅之中，而无慑意；南面听天下，而无骄色；如此，而后可以为天下王。"《七臣七主》说："楼台亭榭相望，等于是亡国的廊房；驰马游车充斥，等于是引寇的车马；用宝珠装饰的箭和剑，等于是杀身的兵刃；华丽衣饰与彩色绦带，等于是焚烧功业的灶窑。因此，明君应懂得这些道理，从而远远离开它们。"该篇进而以纣王为例阐发这一主张说："从前的纣王就是这样的。他诛杀忠良，亲近谗奸而宠爱女人，好杀而不求真勇，好富而不恤穷人。他无休止地游猎与鼓奏音乐，豪华的亭台楼阁不够他住的，上千辆游车不够他乘的，女乐三千

齐侯鉴

水器。春秋中晚期。高43.5厘米，口径75厘米，重75千克。内底筑有铭文5行26字，记齐灵公二十四年（公元前558年），齐侯为其女儿作此陪嫁器之事。1957年河南洛阳中州渠出土。现藏于洛阳市博物馆。

齐侯匜

水器。春秋早期。高24.7厘米，长48.1厘米，重6.42千克。内底铸有铭文4行22字，记齐侯为虢孟姬良女制此器之事。现藏于上海市博物馆。

人、金石丝竹不绝于耳还不满足。他治理下的百姓疲惫不堪，官员也不理政事，最终无人拥护，人人都有反叛之心，最后纣王成了周武王的俘虏。这是纣王迷惑于物质享受而失去人情，贪图淫乐而忘后患的结果啊！”《禁藏》说：“明王不美宫室，非喜小也；不听钟鼓，非恶乐也：为其伤于本事而妨于教也……故圣人之制事也，能节宫室、适车舆以实藏，则国必富、位必尊。”

《管子》认为，“君主重农业，人民就开垦荒地；君主好财货，人们就多去做买卖；君主喜宫室，工匠就追求巧妙；君主好装饰，女子就讲究靡丽；楚王爱细腰美女，美人就减食；吴王好击剑比武，国士就轻死。死亡和不吃饭，是天下人全都厌恶的，为什么人们还这样做呢？是因为顺从君主的爱好”。又进一步说：“君主好道德，品行端正的就在眼前；君主好私利，诽谤吹捧的人就在左右；君主多宠爱而滥行赏，但不看功绩，士人就不愿效力；君主多用苛刑重法，却不审核罪行，恶人就不制止。”因而主张“明君有‘六务’和‘四禁’。所谓‘六务’：一曰节约用财，二曰任用贤士，三曰重视法度，四曰刑罚得当，五曰注重天时，六曰注重地利。所谓‘四禁’：一曰春天不要杀伐，不开辟大丘陵，不焚烧大沼泽，不伐大树，不开大山，不放大火，不杀大臣，不征收谷赋。二曰夏天不堵塞河流，不填塞大山谷，不大兴土木，不射鸟兽。三曰秋天不赦过、免罪和缓刑。四曰冬天不封官赐爵，不妨碍五谷的收藏。”（《七臣七主》）

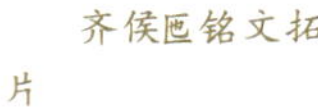

齐侯匜铭文拓片

《管子》认为，言行举止顺乎情理、合乎中正谓之明君。《形势解》说："人主出言，顺于理，合于民情，则民受其辞。民受其辞，则名声章……明主犹奚仲也，言辞动作，皆中术数，故众理相当，上下相亲……言辞信，动作庄，衣冠正，则臣下肃。言辞慢，动作亏，衣冠惰，则臣下轻之。……人主者，温良宽厚，则民爱之；整齐严庄，则民畏之。"

《管子》认为，能治官化民者谓之明君。《君臣上》说："能象其道于国家，加之于百姓，而足以饰官化下者，明君也。"

《管子》认为，能公正立法，奉公行法，以法治国者谓之明君。《君臣上》说："有道之君者，善明设法，而不以私防者也。"又说："有道之君，上有五官以牧其民，则众不敢逾轨而行矣；下有五横以揆其官，则有司不敢离法而使矣。"《明法解》说："明主之治国也，案其当宜，行其正理。故其当赏者，群臣不得辞也；其当罚者，群臣不敢避也。"

《管子》认为，"圣明君主设立制度仪法，像天地那样坚定，像列星那样稳固，像日月那样光明，像四时运行那样准确，这样，法令一出人民就会听从。"（《任法》）

《管子》认为，"圣明君主……不允许卿相克扣公家财产来培养私党，不允许群臣任用自己亲昵的人为官，君主自身也明确宣布制度而谨慎遵守。这样，群臣协力同心为君主办事，百姓也就团结和睦遵纪守法了。"

↓四王陵

田齐威、宣、闵、襄四代君王之墓。位于齐国故城临淄东南，牛山东侧，依南山东西排列。自西向东为序：其一，高30米，周长140米；其二，高34米，周长157米；其三，高22米，周长190米；其四，高23米，周长130米。四墓相间，第一二墓相距130米，第二三墓相距105米，第三四墓相距160米，总长541米。宛如群峰连绵，巍峨壮观。

(《任法》)

《管子》认为，顺人心，安情性者谓之明君。《君臣上》说："是以明君顺人心，安情性，而发于众心之所聚。"

《管子》认为，以德莅民、德威兼备者谓之明君。《君臣上》说："有道之君，正其德以莅民。"又说："为人君者，荫德于人者也。"《形势》说："且怀且威，则君道备矣。"《君臣下》亦说："德之以怀也，威之以畏也，则天下归之矣。"

《管子》认为，明道执要者谓之明君。《君臣上》说："道也者，万物之要也。为人君者，执要而待之。"

明君的要素还有很多，不胜枚举，然中心意思只有一个，就是明君管理国家则国治，反之则国乱。

贤臣思想

晏婴

齐国名相。生年不详，卒于公元前500年。

《管子》认为："古者未有君臣上下之别，未有夫妇妃匹之合，兽处群居，以力相征，于是智者诈愚，强者凌弱，老幼孤独不得其所。故智者假众力以禁强虐，而暴人止。为民兴利除害，正民之德，而民师之。是故道术德行，出于贤人。"(《君臣下》)这段话包含这么几层意思：其一，国家不是自古以来就有的，而是当历史发展到一定阶段后才产生的。产生的原因是强力相争，扰攘不息，社会失序。其二，智者一靠自己的道术和德行，二赖众人的力量，禁止强暴，解决纷争，故民尊为导师。《管子》正是在

东阿古城遗址

晏婴曾做过东阿的地方官。他勤政爱民，东阿大治。

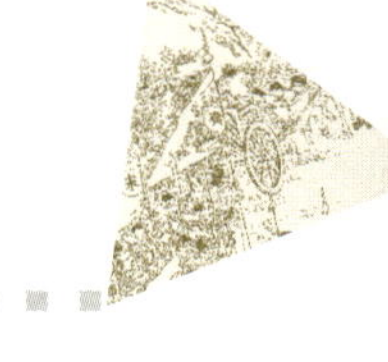

晏婴墓

位于临淄区齐国故城内。

对国家产生、国家功能、臣(贤人)民关系进行全面、深刻分析的基础上，提出了贤臣管理国家思想的。

《新序·杂事第四》记载了齐桓公的一则故事，反映的正是《管子》贤臣管理国家的思想：有一天，一位大臣有事请示桓公。桓公说："去问仲父吧。"事情真巧，同一天同一人三次请示桓公，桓公三次都说了同样的话。对此，《新序》议论道："舜举众贤在位，垂衣裳，恭己无为而天下治。汤、文用伊、吕，成王用周、邵，而刑措不用，兵偃而不动，用众贤也。"

邹忌

战国时期齐人，生卒年不详。有政治才干，善弹琴。与齐威王弹琴论政，以琴音喻政理，深得齐威王赏识，三月而受相印。邹忌执政后，辅佐威王改革，以法治吏。偶因与徐公比美，深悟当政者易被蒙蔽的道理，于是建议齐威王悬赏纳谏。一时间进谏者如流，门庭若市；几个月后，偶尔有人进言规劝；一年以后，无谏可进了。齐国大治。

（范鲁画。选自《淄博名人》，山东文艺出版社2003年版）

邹忌抚琴
（选自《齐都名人》，百花文艺出版社2005年版）

《管子》认为，明君依道、守礼、以法管理国家固然是其根本，然而人众事繁，光靠君主一人是不行的，即便君主再聪明再能干都不行，必须有臣下代君主以行政和司法，因而臣下之贤与不肖便在很大程度上决定了国家的治与乱、存与亡。《小称》说："天下者无常乱，无常治，不善人在则乱，善人在则治。"此之"善人"即贤臣之别称。

按照善与不善的标准，《管子》把臣下分为七类，即法臣、饰臣、侵臣、谄臣、愚臣、奸臣和乱臣。七臣中唯法臣为善者。《七臣七主》说："上亦法臣法，断名决，无诽誉。故君法则主位安，臣法则货赂止，而民无奸。呜呼美哉，名断言泽。"法臣又被称为忠臣、经臣等，总之是君主的贤良之佐。君主只有得到贤人的辅佐，才能达到国家治、主位安的目的。《形势解》说："明主与圣人谋，故其谋得；与之举事，故其事成……明主之治天下也，必用圣人，而后天下治……故治天下而不用圣人，则天下乖乱而民不亲也。"《版法解》说："凡人君所以尊安者，贤佐也。佐贤，则君尊国安民治。无佐，则君卑国危民乱。故曰：备长存乎任贤。"此之"圣人""贤佐"亦贤臣之别称。

门庭若市
（选自《齐都名人》，百花文艺出版社2005年版）

何谓贤臣?《管子》认为衡量贤臣的第一标准是德。《牧民》说："错国于不倾之地者，授有德也。"然而仅仅有德还不算贤臣，还必须有才能，并能洞察社会发展趋

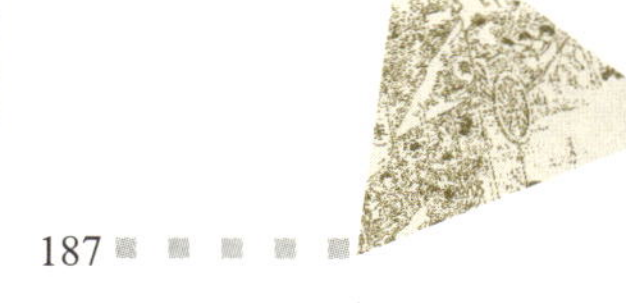

齐宣王礼贤

齐宣王礼贤下士，任人唯贤。当时齐国人才济济。

（范鲁画。选自《淄博名人》，山东文艺出版社2003年版）

势，顺应历史潮流。《宙和》说：“失植之正而不谬，不可贤也；植而无能，不可善也。所贤美于圣人者，以其与变随化也。”再具体点说，贤臣为人，不诬能，不欺上，不阿党，不尚得，不辞死，不妄言身外之事；其治事，上匡君过，下振民病，犯难离患，务明法术，修义从令等等。对此，《重令》说：“察身能而受官，不诬于上；谨于法令以治，不阿党；竭能尽力而不尚得，犯难离患而不辞死；受禄不过其功，服位不侈其能，不以毋实虚受者，朝

安平故城城墙遗址

田单是战国后期齐国的知名宰相，因复国大功，被封为安平君。安平故城遗址位于临淄区皇城镇南荣村南。

之经臣也。"《法法》说："忠臣不诬能于爵禄。"《君臣上》说："为人臣者，比官中之事，而不言其外……能上尽言于主，下致力于民，而足以修义从令者，忠臣也。"《君臣下》说："能据法而不阿，上以匡主之过，下以振民之病者，忠臣之所行也。"《明法解》说："凡所谓忠臣者，务明法术，日夜佐主，明于度数之理，以治天下者也。"此类论述还有很多，此不赘引。

可知，由贤臣辅佐君主管理国家，何愁管理不好呢？

《管子》的经济管理思想

在人们的一切社会生活中，经济是基础。如果没有坚实的经济基础，就会导致民乱国危的局面。因而《管子》高度重视经济发展和经济管理问题。

现存《管子》的76篇中，有三分之二的篇幅涉及经济问题，从而形成了全面系统的《管子》经济管理思想。《管子》经济管理思想的丰富性与独创性，在中国古代经济思想史上是首屈一指的。

农业管理思想

中国古代，农业生产是主要的生产部门，农业是国家财政收入和人们生活的主要来源，所以历代统治者和政治家无不重视农业。《管子》自

春秋牛耕图
（选自《齐都名人》，百花文艺出版社2005年版）

五牛图局部

（选自《齐都名人》，百花文艺出版社2005年版）

然也不例外。

《管子》认为，以前的历代君主，法度不一，号令不同，然而都能统一天下，究其原因是对农业的高度重视。人民从事农业，土地就得以开垦；土地开垦，粮食就会增加；粮食增加了，国家才会富裕。由此可知，国富粮多来源于农业。（《治国》）

《管子》认为，不生产粮食的国家要灭亡，生产粮食而吃光用尽的国家仅能称霸，只有生产粮食而又食用不尽的国家才可以建立王业。粮食，能吸引人民；粮食，能带来财富；粮食，也能使领土得以开拓。粮食增多，天下的物产都随之涌来了。因此，舜第一次率民迁徙，致力农耕，结果建成了"邑"；第二次迁徙建成了"都"；第三次迁徙建成了"国"。舜并没有采用严苛的刑罚和禁令，而人民都跟定他了。这是因为离开了他必遭危害，跟随了他定获幸福。先代圣王，正是善于为人民兴利除害，所以天下人民才都愿意归附他。所谓兴利，就是有利于农业。农业发展则粮食增多，粮食增多则国家富裕，国家富裕则人民安于乡居而爱惜家园。反之，君主如果不发展农业则粮食必少，粮少则人民贫困，人民贫困则轻视家园。所以，重视农业以增加粮食是成就王业的根本，是君主的重大任务，是招徕人民的途径和治国之道。（《治国》）由此可知，《管子》是站在富国与治国的高度看待农业生产的。重农是手段，治国与富国才是目的。

《管子》认为，耕地不深，锄草不勤，季节到了不播种，荒地闲置不开垦，即使不遇水旱之灾，这也是一个贫穷之国。像这样的国家，人口少了则不能保其国土，人口多了则国贫人饥。倘若遇上水涝灾害，老百姓就会流离失所而不肯回归。人民无力保护国土，城防就不巩固；人民处于饥饿状态，战争就不能胜利；人民离散而不回，国家就变成一片废墟了。所以说，君主如果不重视农业生产，便是寄生的国君。(《八观》)由此可知，《管子》是站在国防与强兵的高度看待农业生产的。重农是手段，国防与强兵才是目的。

《管子》认为，一个农民不耕田种地，人民就有可能挨饿；一个妇女不养蚕织布，人民就有可能受冻。农事收益如果达到成本的两倍，农民就没有卖儿女的；三倍，农民就能丰衣足食；四倍，农民就能完成上交的赋税；五倍，农民不但生有所养，而且死有所葬了。(《轻重甲》) 因此，《国蓄》说："凡五谷者，万物之主也。""五谷食米，民之司命也。"所谓"司命"，原指神名，此言粮食是人民的生命之神。由此可知，《管子》是站在民生的高度看待农业生产的。重农是手段，富民才是目的。

《管子》认为，一个国家的君主，必须致力于四时农事，确保粮食贮备。国家财力充足，远方的人们就能自动迁来；荒地开发得好，本国的人民就能安心留住。粮仓充实了，人们就会知道礼节；丰衣足食了，人们就会懂得荣辱。不注意天时，财富就不能增长；不注意地利，粮食就不能充足。田野荒芜废弃，人民也将由此而怠惰；君主挥霍无度，人民则胡作妄为。(《牧民》) 由此可知，《管子》是站在留民和教民的高度看待农业生产的。重农是手段，留民和教民才是目的。

这里需要指出的是，《管子》所说的农业，不是狭义的农耕业，而是包括林业、畜牧业、果菜种植业、水利工程等在内的大农业。故而，《立政》说："山泽救于火，草木植成，国之富也。沟渎遂于隘，障水安其藏，国之富也。桑麻植于野，五谷宜其地，国之富也。六畜育于家，瓜瓠荤菜百果备具，国之富也。"山林广阔，草木

树木双马纹瓦当

建筑材料。战国时期齐国瓦当。

树木双骑纹瓦当

建筑材料。战国时期齐国瓦当。

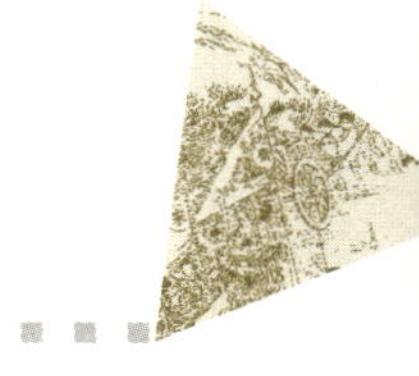

树木双马窗棂纹瓦当
建筑材料。战国时期齐国瓦当。

就容易繁殖；土地肥沃，桑麻就容易生长；水草丰美，六畜就容易兴旺。反之，山泽虽广，滥伐草木却没有禁令；土地虽肥，种植桑麻却不得其法；牧草虽多，饲养六畜却征收赋税，这就等于堵塞了生财的门路。所以说，巡视一个国家的山林湖泽，看看它的桑麻生长，算算它的六畜生产，贫富之国就可以区别开来了。(《八观》)

既然农业生产如此之重要，就必须加强农业生产的管理。对此，《管子》提出了“均田分力”的土地管理思想，“相地而衰征”“赋役有度”的赋税征收思想，“勿夺农时”的农时思想和“农之子恒为农”的农民职业化思想等。这些内容已见中篇之“经济改革”和本篇“国家管理思想”之“和谐思想”，这里不必复述。除此之外，还有以下几项值得注意：

其一，按劳分配思想。

《管子》认为土地虽然是农业生产的重要资源，然而农业生产的第一要素还是人，因为只有劳动才可从创造财富。对此，《八观》说：“没有粮食，人民就没有饭吃；没有土地，粮食就无法生产；没有人民土地，就不能耕种；人民不劳动，财富就不能产生。因此，财富是通过劳动创造出来的。”

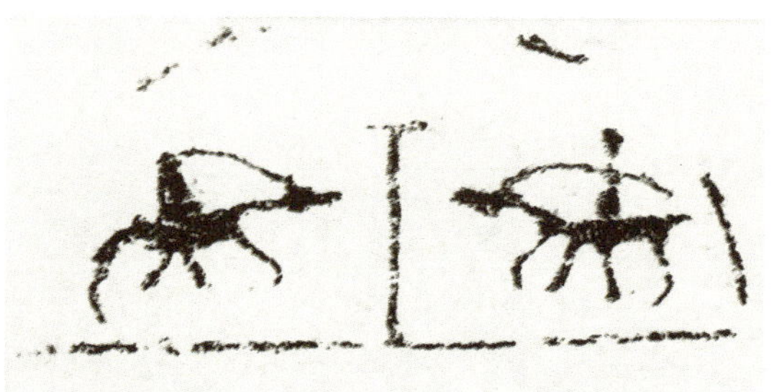

树木双牛纹瓦当拓片
建筑材料。战国时期齐国瓦当。

《管子》的劳动价值论势必导致

按劳分配论。对此,《权修》说:“大凡管理人民者,对于按劳动的绩效给予报酬的问题,不可不高度重视、审慎处理。劳绩多的禄赏多,劳绩少的禄赏少,没有劳绩的就不给予禄赏。如果有劳绩而没有禄赏,人民就会离心离德;劳绩多而禄赏少,人民就会不努力工作;劳绩少而禄赏多,人们就会弄虚作假;无劳绩而空得禄赏,人们就会贪图侥幸。凡是离心离德、工作不力、弄虚作假、贪图侥幸的,做大事都不会成功,对敌作战也不会尽力。所以说,根据人的能力授予官职,按照劳绩多少给予报酬,这是管理人民的关键。”

人物狩猎瓦当
建筑材料。战国时期齐国瓦当。

其二,奖励先进思想。

《管子》的农业生产管理思想,可以说是全面、系统而又非常深刻的。为了调动农民的积极性,促进农业生产的发展,《管子》还提出了奖励先进的主张,而且既有物质奖励,又有政治奖励。

先看物质奖励。《山权数》说:“百姓中凡有精通农事的,为他立黄金一斤的奖赏,值粮八石;有善养牲畜的,立黄金一斤的奖赏,值粮八石;有精通园艺树木的,立黄金一斤的奖赏,值粮八石;有善种瓜果蔬菜使其产量提高的,立黄金一斤的奖赏,值粮八石;有善于给庄稼治病的,立黄金一斤的奖赏,值粮八石;有通晓天时的,即能预言灾情或预言某种作物丰收歉收的,立黄金一斤的奖赏,值粮八石;有懂得养蚕而使蚕不生病的,也都设立黄金一斤的奖赏,值粮八石。”可见,只要在大农业范围内有一技之长、一定贡献的,都给予一定的物质奖励,以刺激农民的积极性。

再看政治奖励。《管子》在原则上主张“农之子恒为农”,然而对那些秀出于众的农民又主张可以提拔做官。《小匡》说:“农家的子弟常是

陶猪圈　黑器。西汉时期。

农民。然而，他们中的优秀人才，知识能力足够成为士人的，应该充分信赖。让他们指导种地，粮食就会增收；让他们做官，贤才就会汇聚。”因而，要求各乡乡长把那些“平时行义、好学、聪明、质性仁厚、慈孝于父母、长悌之名闻名于乡里的人，”报告上来，以备选官之用，否则，将按“蔽贤”治罪。《牧民》说：“知时者可立以为长。”意思是说，懂农时农业者可以提拔做官。《大匡》亦说：“种田者，非常出力，顺于父兄，而且多服劳役，具备这三条的，举为上等；具备两条的，举为次等；具备一条的，举为下等。”另外，《山权》还说：对那些有丰富农业生产知认识和经验的人，要“谨听其言而藏之官，使师旅之事无所与。”意思是说，要充分尊重农业专家的意见，并且把他们养之于官府，免除兵役等事，以便让他们专注于指导农业生产。

工商管理思想

手工业和商业是随着生产力水平的提高、社会生产和生活领域的扩大而出现的两个经济部门。这两大经济部门与农业本来是互相依存、互相促进、共同发展的，理应受到与农业同等的重视。然而在我国古代，绝大多数统治者和思想家们，却把农业看作立国、富国的根本，而把工商业看成了无足轻重的末业，甚至把工商业与农业对立起来，进而在农本思想的支配下，出现了一系列重农抑末的主张和措施。如《老

金银错镶嵌铜牺尊　酒器。战国时期。是战国时期青铜器的精品，被称为“国宝”牺尊。1982年临淄区稷下街道商王村出土。现藏于临淄区齐国历史博物馆。

子》认为："民多利器，国家滋昏；人多伎巧，奇物滋起。"因而主张"使有什伯之器而不用"。庄子攻击手工业的罪状是："残朴以为器，工匠之罪也。"意思是说，手工业者对原材料进行加工，违反了物的自然本性，破坏了物的天性，因而是有罪的。与此相联系，庄子对商业也持否定态度，他说："不货，恶用商？"法家以商鞅和韩非为代表，从其耕战的基本国策出发，大力提倡重本而抑末。商鞅说："事本而禁末者富。"（《商君书·壹言》）韩非说："使其商工游食之民少，而名卑以寡，趣本务而趋末作。"（《韩非子·五蠹》）

金耳坠

装饰品。战国时期。由金丝、金叶、金珠、绿松石坠、珍珠和骨串饰组成。造材考究，工艺精湛，装饰华丽，是金器饰品中的经典之作。1992年临淄区稷下街道商王村战国墓地出土。现藏于山东省淄博市博物馆。

由此可知，古代中国总体上建构的是一个重本抑末的经济文化模式。如果说有什么例外的话，那么这一例外出现在先秦齐国。众所周知，姜太公受封建齐之时，一切从实际出发，因时因地制宜，制定了"通商工之业，便鱼盐之利"；"劝女工，极技巧"的基本国策，从而奠定了先秦齐国"滨海工商"型经济文化模式，并且形成了齐国的经济文化传统。管仲以商人出身，执齐国之政，把齐国的重工商文化进一步发扬光大，不仅造福于当时的齐国人民，也在中国经济思想发展史上闪出了耀眼的光芒。

《管子》认为，大力发展手工业，不仅是满足人们日常生活的需要，更是保障齐国强兵和争霸天下的需要。对此，《小匡》说："举财长工，以足民用。"《七法》说："为兵之数，存乎聚财，而财无敌；存乎论工，而工无敌；存乎制器，而器无敌。……是以欲正天下，财不盖天下，不能正天下；财盖天下，而工不盖天下，不能正天下；工盖天下，而器不盖天下，不能正天下。""器成卒选，则士知胜矣。""聚天下之精材，论百工之锐器。"《问》说："工之巧，出足以利军伍，处可以修城郭、补守

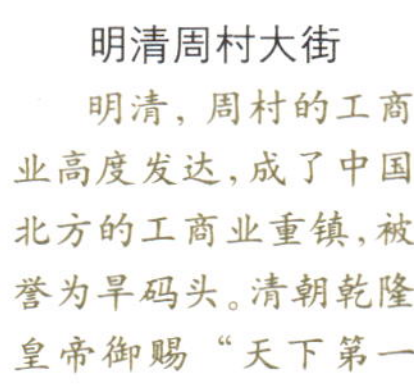

明清周村大街

明清，周村的工商业高度发达，成了中国北方的工商业重镇，被誉为旱码头。清朝乾隆皇帝御赐“天下第一村”。

（选自《山东画报》，2004年第2期。）

备……”《小问》说：“选天下之豪杰，致天下之精材，来天下之良工，则有战胜之器矣。”因而，《管子》主张手工业者要具备良好的素质和娴熟的技巧。如《乘马》说：“非诚工不得食于工。”《山至数》说：“智者尽其智，谋士尽其谋，百工尽其巧。”由此可知，《管子》是站在民生和创立霸业的高度看待手工业生产的。重手工业是手段，满足民生和创立霸业才是目的。

《管子》认为，商人对于国家而言，绝不是可有可无、无所作用的人。他们居不择乡，事不选主。他们买进卖出，在谋利的同时使商品得以流通，国家的税收因此成倍地增长，朝中上下的消费因此得到满足，君臣

明清周村大街街景
（选自《百年商埠周村》，山东画报出版社2004年版。）

上下的关系因此融洽起来，贫民也因此有了更多的工作机会。因而，商人如同士人、农民和手工业者一样，也是国家的“石民”（作为国家柱石的人民）。（《小匡》）

《管子》认为，市场是聚集天下货物和财富的场所，通过交易，人们都可以得到各自的利益；（《问》）市场是商品供求状况的标志，通过市场，可以知道社会的治乱和物质的多寡；（《乘马》）市场也是一种生产力，它可以促进经济的发展和社会的进步。（《侈靡》）因此，每个聚中都要设集市，假如没有集市的话，人民的生活和生产就要受到影响了。（《乘马》）

《管子》认为，货币作为一种价值尺度和计量工具，不仅掌控着商品经济的钥匙，而且对治国平天下也发挥着重要的作用。对此，《乘马》说：“黄金是计量财用的工具。懂得黄金的道理，就会懂得什么是奢侈和节俭。那么，国家的各项开支就能适度预算了。国家用度过少，对举办事业不利；过多，对商品资源不利。这是有规律可循的。”《国蓄》说：“粮食是人民生命的主宰，货币是人民交易的手段。国君若能一手控制粮食，一手掌握货币，就可以最大限度地管理人民了。”“货币，寒而不能取暖，饿而不能充饥。然而，君主运用它可以控制财物，进而达到牧民、平治天下的目的。”

由此可知，《管子》是站在治国平天下的高度看待商业的。重商业是手段，满足治国平天下的需要才是目的。

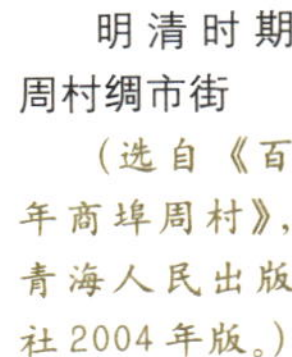

明清时期周村绸市街（选自《百年商埠周村》，青海人民出版社2004年版。）

既然工商业如此之重要，就必须加强工商业的管理。对此，《管子》提出了“官山海”、设市场、铸货币、修道路、设驿站、建宾舍、便关市、减赋税以及“工之子恒为工”“商之子恒为商”等一系列主张和措施。这些内容已见中篇之“经济改革”和本篇“国家管理思想”之“和谐思想”，这里不必复述。除此之外，《管子》的工商管理思想还有如下几项：

其一，设官任能，加强行政领导和管理。

《立政》说：“考核各种工匠，审定各个时节的作业项目，分辨产品质量的优劣，促使产品完整和精致，统一管理五乡，按时作全面的安排，使那些刻木、镂金、刺绣之类的奢侈品工艺不敢在各乡作业，这是‘工师’的职责。”可知，工师是专门负责管理手工业者的官。根据《管子》规划的齐国设立三个工乡和三个商乡，又知对工商业的管理应该有一个由各级官员组成的行政管理系统。

其二，建章立制，使产品质量检查制度化。

《管子》认为要想保证产品质量，必须通过规章制度，进行严格的检查。这种检查制度，在《管子》中记述比较多，有时称为“法”，有时称为“仪”，有时又称为“常”，意为“常规”“常法”。如《七法》说：“官无常，下怨上，而器械不功。”意思是说，官府如果没有常规的话，官员和工匠就会互相怨恨，也就不会制造出精良的产品了。

其三，提高工商业者的素质，贤者任以为官。

人是使工商业得以繁荣的第一要素，因而一定要提高工商业者的素质。对此，《乘马》说：“非诚贾不得食于贾，非诚工不得食于工。”而对那些讲诚守信又会做工经商的优秀人才，《管子》主张要提拔重用，以为奖励。据《大匡》记载：齐桓公“派高子管理工匠、商人的选拔。顺于父兄，事长养老，接受任务并能严肃对待，具备三条的工匠和商人，举为上等；具备两条的，举为次等；具备一条的，举为下等”。

其四，抑末思想。

《管子》无疑是高度重视工商业的。然而这只是问题的一个方面。问题的另一方面是：管子学是一门很务实的学问，也是很辩证的学问。当社会上出现了过度追求“雕镂”“文章”的奢侈产品，因而影响了人民正常消费和带来重大社会问题的时候；当出现了一批可与国君分庭抗礼的大商人，从而造成民贫国穷的时候，《管子》便从富国的角度出发，提出了抑末的主张。

《管子》主张禁止的末业，并不是泛指一般的工商业，而是被称为“末产”“末作”或“文巧”的“末业”。所谓“末产”“末作”或“文巧”，是指“雕文刻镂”的工事和“锦绣纂组”的女织。《管子》关于“末产”或“末作”的涵义是明确的，并且是一致的，就是认为末产是属于文巧、玩好的生产，是陷国家、人民于贫困的生产。对此，《五辅》说：“今工以巧矣，而民不足于备用者，其悦在玩好；农以劳矣，而天下饥者，其悦在珍怪，方丈陈于前；女以巧矣，而天下寒者，其悦在文绣。是故博带梨，大袂列，文绣染，刻镂削，雕琢采……”《立政》说：“工事竞于刻镂，女事繁于文章，国之贫也。”反之，“工事无刻镂，女事无文章，国

创办于清道光年间的周村东来升绸布庄

（选自《百年商埠周村》，山东画报出版社2004年版。）

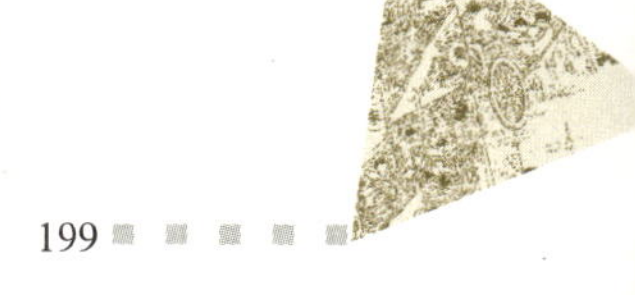

清代周村鸿昌义织绸厂
（选自《百年商埠周村》，山东画报出版社 2004 年版。）

之富也。”

《管子》不是孤立地提出禁末论的，而是与重农联系起来谈禁末的。一方面提出不禁末便不能重农。《权修》说：“末产不禁，则野不辟……末产不禁，则民缓于时事而轻地利；轻地利而求田野之辟，仓廪之实，不可得也。”《治国》说：“禁末作，止奇巧而利农事。”又说：“末作文巧禁，则民无所游食，民无所游食，则必农。”另一方面指出不重农也不能禁末。《权修》说：“上不好本事，则末产不禁。”《重令》说：“菽粟不足，末生不禁，民必有饥饿之色，而工以雕文刻镂相稺也，谓之逆。布帛不足，衣服毋度，民必有冻寒之伤，而女以美衣锦绣綦组相稺也，谓之逆。”因而“末产”“末作”不可不禁。《治国》说：“治国之急务，一定要先禁止奢侈性的工商业和奢侈品的制造。禁止了这些，人民便无法游荡求食，就只好从事农业生产了。因此，先代圣王懂得人口多、兵力强、国土广和国家富都来源于粮食的道理，因而都禁止奢侈性工商业和奢侈品的制造，以利于发展农业。现在，从事奢侈性工商业和奢侈品制造的人们，干一天可以吃五天；而农民终年劳动，却不能维持一家人的日常生活。这样，人民就会放弃农业而从事奢侈性工商业了。弃农而从事奢侈性工商业，那么土地必定荒芜而国家也就贫穷了。”

《管子》提出抑末主张的另一个原因是，当时齐国出现了一个大商人、高利贷者阶层。他们囤积居奇，操纵市场，牟取暴利，严重影响了

明清时代周村山陕会馆
（选自《百年商埠周村》，山东画报出版社2004年版。）

国家的财政收入和人民的正常生活。《国蓄》说："民人所食，人有若干步亩之数矣，计本量委则足矣，然而民有饥饿不食者何也?谷有所藏也。人君铸钱立币，民庶之通施也。人有若干百千之数矣，然而人事不及、用不足者何也?利有所并藏也。"这段话的意思是说，百姓耕种一定亩数的土地，统计产粮和存粮足够吃用的；君主铸造发行货币，也是经过计算能够满足人们需要的。然而人们却缺粮少钱，究其原因是富商巨贾把粮食和货币囤积起来了，即"谷有所藏"和"利有所并藏"。这些巨商大贾囤积居奇的目的无他，就是乘人之危，抬高物价，以获暴利。如《国蓄》说："蓄贾游市，乘民之不给，百倍其本。"亦如《七臣七主》说："游商得以什佰其本也。"大量的粮和钱都装进了大商人的腰包，蒙受损失的当然是国家和老百姓。因而对这些大商人的投机取巧和与民与国争利的行为必须加以抑制。

那么，怎样才能抑末呢？管子主张设工师督查之，"使刻镂文采，毋敢造于乡"。(《五辅》)同时要靠雄厚的库藏、强有力的行政措施，通过市场调节手段，来达到抑制巨商大贾的目的。对此，《国蓄》说："万室之都，必有万钟之藏，藏襁千万；使千室之都，必有千钟之藏，藏襁百万……故大贾蓄家不得豪夺吾民矣。"

其五，强化宏观经济调控和国家干预流通的职能。

轻重论是《管子》经济和经济管理思想中最有特色的内容。《管子》

有《轻重》十六篇，除《轻重乙》重在论述四时节令而外，其他都是专门论述商品货币关系的。在《轻重》篇之外，其他篇也有论述商人活动和商品交换的文字。《管子》以如此多的篇幅论述商品货币关系问题，不但是先秦其他古籍所没有，并且也未见于以后各家著作。因此，管子学以轻重理论而著称。管子学重视商品货币关系不是偶然的，而是对管仲“贵轻重，慎权衡”，“通货积财，富国强兵”（《史记·管晏列传》），“通轻重之权，徼山海之业”（《史记·平准书》）政策和思想的继承和发扬。

管子学的轻重论包括价格论、货币论和商品轻重关系论。

先看价格论。《管子》认为商品价格的高低决定于市场上商品数量的多少和供求大小，即“物多则贱，寡则贵；散则轻，聚则重。”（《国蓄》）《管子》还进一步认识到商品价格的波动性及其价值。《轻重乙》说：“桓公问于管子曰：‘衡有数乎？’管子对曰：‘衡无数也。衡者使物一高一下，不得常固。’桓公曰：‘然则衡数不可调耶？’管子对曰：‘不可调。调则澄，澄则常，常则高下不二，高下不二，则万物不可得而使固。’”“衡”即商品价格不断围绕一个中轴而上下波动的均衡运动，绝对稳定、常固不变的价格是不可能也是不必要的。因为价格高下不二，则价值规律的自发调节作用得不到实现，是不利于生产的。

次看货币论。《管子》把货币看成必不可少的流通手段。《国蓄》说：“黄金刀币，民之通施也。”《轻重乙》说：“黄金刀币者，民之通货也。”

“齐法化”币范

《揆度》说："刀币者，沟渎也。"同时，《管子》还进一步认识到投放流通领域中的货币量与商品轻重成正比，与货币轻重成反比关系。《山国轨》说："国币之九在上，一在下，币重而万物轻。""币在下……万物重十倍。"

清代周村商会旧址
（选自《百年商埠周村》，山东画报出版社2004年版。）

再看商品轻重关系论。管子认为，在流通领域里，货币、谷物和万物之间，存在着互相关联的轻重关系，并总结出商品轻重的两方面规律：第一，从一种商品来看，其轻重取决于该商品量的多或寡、积或散、集中于国家或流布于民间，以及流通的塞与通、政令的缓与急、缴纳赋税期限的长与短等多种复杂因素。对此，《国蓄》说："少或不足则重，有余或多则轻。"又说："散则轻，聚则重。"《揆度》说："藏则重，发则轻。"《轻重甲》说："守则重，不守则轻；章则重，不章则轻。"《轻重乙》说："令疾则重，令徐则轻。"第二，从不同商品来看，《管子》把谷物、货币从万物中独立出来，指出三者对比关系中的轻重规律是："币重而万物轻，币轻而万物重。""币重则谷轻，币轻则谷重。""谷独贵，独贱。"（《山至数》）"谷重而万物轻，谷轻而万物重。"（《乘马数》）

《管子》探讨轻重理论的目的无他，就是通过强化宏观经济调控、强化国家干预流通的职能，从而实现富国利民的目标。对此，《管子》又提出了敛之以轻，散之以重，以重射轻，以贱泄平的主张。《国蓄》说："故善者委施于民之所不足，操事于民之所有余。夫民有余则轻之，故人君敛之以轻；民不足则重之，故人君散之以重。敛积之以轻，散行之以重，故君必有什倍之利……凡轻重之大利，以重射轻，以贱泄平，万物之满虚，随财准平而不变，衡绝则重见。人君知其然，故守之以准平。"此外，

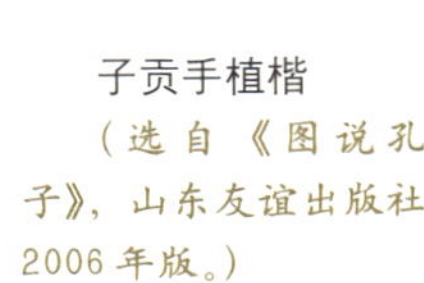

子贡手植楷

（选自《图说孔子》，山东友谊出版社2006年版。）

《管子》还提出了通过流通手段管理经济的许多措施。比如：粮食由国家专卖、国家垄断铸币、盐铁官营等。

总之，轻重论的通过市场宏观调控经济的思想不仅收效于当时，而且对后世也产生了深远的影响。

理财思想

《管子》一书的理财思想极为丰富、深刻，对后世的影响很大。主要内容有以下几个方面：

其一，广开财源，慎征赋税。

《管子》认为，治国理财必须善于广开财源，使国家富裕。《牧民》说："凡有地牧民者，务在四时，守在仓廪，国多财，则远者来；地辟举，则民留处。"又说："国富者兵强，兵强者战胜，战胜者地广。……此王之道也。"(《治国》)在《管子》看来，发展生产，使国家富裕，不仅能使本国的人民安居乐业，还能吸引远方的人民归顺。

《管子》认为，在广开财源的同时，要慎重地对待征收赋税问题。不能竭泽而渔，破坏财源。为此，管子提出了一系列征敛赋税的原则：

一是明确征收原则。《乘马》说："不告之以时，而民不知；不道之以事，而民不为。与之分货，则民知得正矣；审其分，则民尽力矣；是故不使而父子兄弟不忘其功。"意思是说，预先让人民知道赋税在产品中的比重是合适的，因为人民预先知道征收多少，就会努力生产。即使不加督促，全家老幼也不松懈，积极耕种。

三是薄征轻收原则。即轻徭薄赋。《五辅》说："薄税敛，毋苟于民。"

强调赋税征收要轻，不要随便聚敛。赋税过重会影响社会再生产。它要求商税“征于关者，勿征于市。征于市者，勿征于关。虚车勿索，徒负勿入。”(《问》)这是因为，生产受天时和人力的限制，多征敛会引起动乱。“取之无度，用之不止，国虽大必危。”(《权修》)

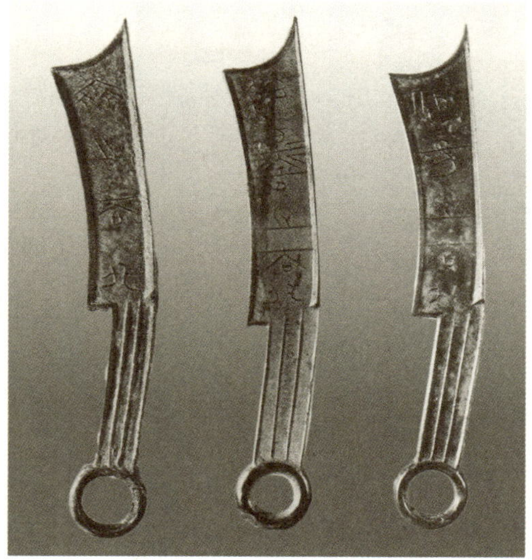

齐之法化、节墨之法化、安阳之法化（正面）

齐刀币是齐国铸造的货币，因其大小和币文的不同，分为大刀和小刀。以币文的不同，有齐之法化、节墨之法化、安阳之法化、齐法化等8钟。主要流通于齐国和北方地区。齐刀币数量之大，流通之广，标志着齐国商贸业的高度发达和国家的富裕。

三是公平公正原则。即主张区别对待，按负担能力征收赋税。《山国轨》说：“巨家重葬其亲者，服重租；小家菲葬其亲者，服小租；巨家美修其宫室者，服重租；小家为室庐者，服小租。”土地税则根据纳税人土地的多少和土质的好坏确定征收量，即“相壤定籍而民不移。”(《乘马数》)

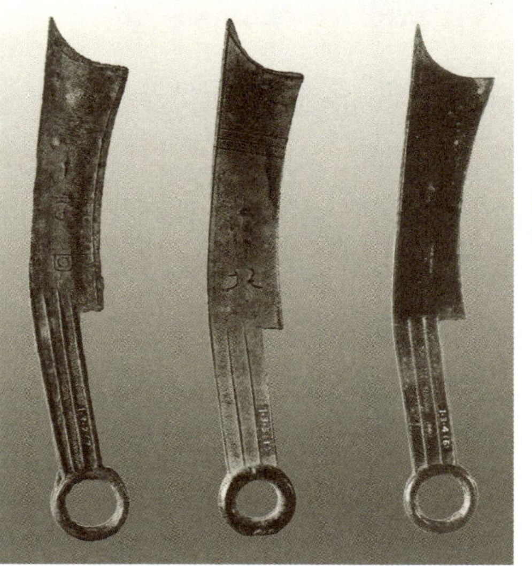

齐之法化、节墨之法化、安阳之法化（反面）

四是灵活弹性原则。即赋税的征收量应有伸缩性。《管子》认为，税收应根据条件的变化而变化。如农业税率应依年成的丰歉而有区别。《大臣》说：“二岁而税一，上年什取三，中年什取二，下年什取一，岁饥不税，岁饥弛而税。”

五是变通隐征原则。即有些税不明征，而是变通征收。《管子》认为“民予则喜，夺则怒”，所以对人民要“见予之形，不见夺之理”。(《国蓄》)比如，通过官府经营盐、铁、粮食等重要物资，以盈利代替税收。在经营中，寓税于价之中。这样，国家根据物价的交替涨落，贱买贵卖，即使不向人

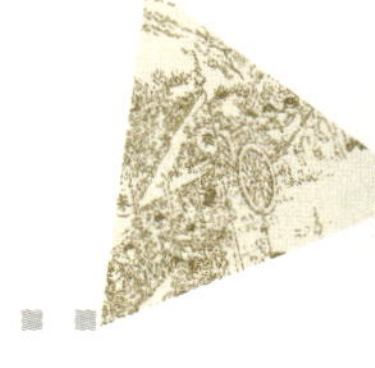

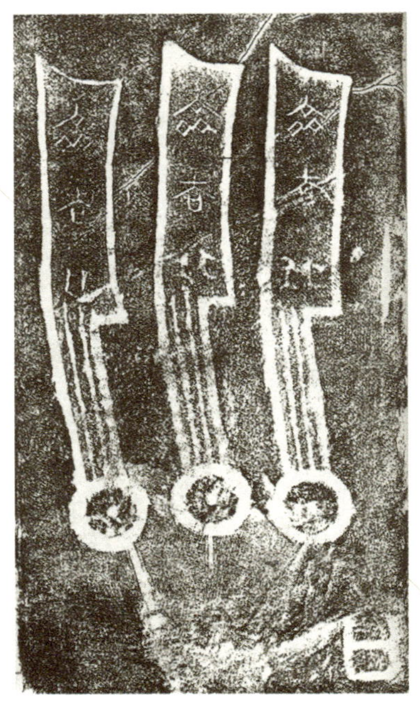

齐刀钱范正面拓片

民征税，实际上却获得了大量的财政收入。

其二，用财审度，为之有道。

《管子》认为，为国理财者，不仅要善于生财、聚财，而且要善于用财，审度量，为之有道。《乘马》说："百事治则百用节矣，是故事者生于虑，成于务……为之有道。"意思是说，通过周密考虑，可以少花钱而多办事。《管子》对用财提出了以下主张：

一是禁止奢侈，保证急需。《八观》说："国侈则用费，用费则民贫……侈之所生，生于毋度。故曰，审度量，节衣服，俭财用，禁侈泰，为国之急也。"

二是用财应量力而行，注意有所积蓄。《牧民》说："量民力则事无不成。"《事语》说："非有积蓄，不可以用人；非有积财，无以劝下。"

三是宫室有度，不求华丽。《八观》说："国虽充盈，金玉虽多，宫室必有度。"《法法》说："先王制轩冕，所以著贵贱，不求其美……为宫室台榭，足以避燥湿寒暑，不求其大；为雕文刻镂，足以辨贵贱，不求其观。"

四是俭不伤事，讲求效益。《版法解》说："用财不可以啬，……用财啬则费，……事不工而数复之，故曰劳矣。"《乘马》说："俭则伤事，侈则伤货。"

其三，利出一孔，宏观调控。

《管子》主张经济权益由国家统一掌握，不应分散，更不能流失。《国蓄》说："利出于一孔者，其国无敌；出二孔者，其兵不诎；出三孔者，不可以举兵；出四孔者，其国必亡。"强调君主要掌握宏观调控的主动权，做到"予之在君，夺之在君，贫之在君，富之在君"。通过调节人民之间、行业之间、地区之间以及国家与人民之间的利益关系，以达到增加国家财政

明末清初山西商人在周村设立的票号

（选自《百年商埠周村》，山东画报出版社2004年版。）

收入和巩固统治秩序的目的。宏观调控主要包括以下几方面内容：

一是调节物价。《管子》认为，人君不操纵物价，商人就会投机取利。国家赋税就会流失。《国蓄》说："万乘之国有万金之贾，千乘之国有千金之贾，然者何也?国多失利，……岁有凶穰，故谷有贵贱，……然而人君不能治，故使蓄贾游市，乘民之不给，百倍其本。"因而，《管子》主张君主在民用有余时，从事财物的收购贮藏；在民用不足时，出售储存的财物。《国蓄》说："夫民有余则轻之，故人君敛之以轻；民不足则重之，故人君散之以重。"这样低价购进，高价售出，"故君必有什倍之利，……故大贾蓄家不得豪夺吾民矣。"其结果，国家既可以获得厚利，又能平抑物价，防止了商贾盘剥人民。

二是调节本末之间的关系。《管子》认为，国家富裕主要依赖于农业生产，而从事农业的人收入不如商业和手工业者。《治国》说："今为末作奇巧者，一日作而五日食，农夫终岁之作，不足以自食也。"如何解决这个问题呢？《管子》主张提高粮食的价格。《轻重乙》说："杀正商贾之利

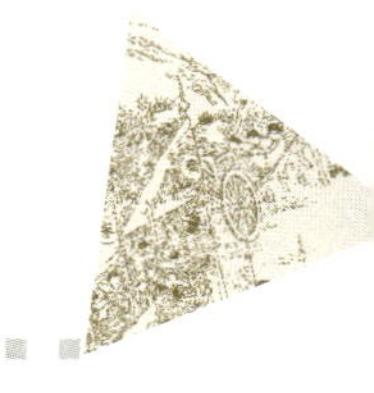

明清时期周村银子市街街景

选自《百年商埠周村》，山东画报出版社2004年版。

而益农夫之事，则请重粟之价金三百。”其办法是命令诸卿族、大夫、富商储藏粮食，需求扩大，粮价就提高了。农民因而获利，国家也增加了储备。

三是调节地区之间的差异。《轻重丁》记载了这样一个故事：一天，桓公问管仲，齐国西部涝而闹饥荒，东部丰收而粮价贱，我想用东部的粮救济西部的饥荒，有没有办法？管仲回答，请下令每人纳税三十钱，用豆粟等粮食缴纳。而按照当地的粮价计算，西部每人缴纳三斗粮食就完成了纳税任务，东部每人则需要缴纳三釜才能完成纳税任务。东部因粮价贱而多征的粮食都藏在国家粮仓里，西部受饥的人就可以有吃的了。对无本钱的人贷以陈粟，对无种子的人贷以新谷。“若此，则东西之相被，远近之准平矣。”地区之间通过调节，彼此相助，远近的供需就可以拉平了。这是通过税收、物价杠杆调节地区之间供求的平衡。

四是调节贫富。《管子》认为，人民太穷或太富都不利于管理。《国蓄》说：

清代周村德庆和银号

选自《百年商埠周村》，山东画报出版社2004年版。

“夫民富则不可以禄使也，贫则不可以罚威也。法令之不行，万民之不治，贫富之不齐也。”因而，《管子》主张调节人民之间的贫富。如何调节呢？一是征税按负担能力区别对待。二是君主以少量高价美锦代贫民偿付债息，使他们免除债务重负。三是命令世家大族以及囤积居奇的富户，将粮食按平价卖给国家，然后由国家售给百姓，并救济孤儿寡妇，收养贫困病人，善待独身老人等(《轻重甲》)。这样，君主就能得到人民拥戴了。

五是控制物资外流。《管子》认为，君主要善于引进别国的物资而控制本国的物资外流。“天下下我高，天下轻我重，天下多我寡。”(《轻重乙》)即在国外价格低时，提高本国的价格；国外货物贱时，使本国的货物贵；国外供应多时，使本国的供应减少。总之，随情况的变化采取有利于本国的措施，控制本国的物资不致外流。

《管子》的理财思想在许多方面有卓越的见解，有人认为它“大都接近了初期资产阶级古典经济学的水平，甚至在某些方面还有独到的见解。”“相当于近代经济学中的价值论。”(胡寄窗《中国经济思想史简编》，第176页)这一评价并非言过其实。如果说，中国作为世界文明古国之一，曾在许多方面处于领先地位的话，那么，《管子》的理财思想就是其中一例。

《管子》的军事思想

《管子》不仅有丰富而精辟的国家管理和经济管理思想，而且有深刻的军事思想。《管子》中的《七法》《幼官》《兵法》《地图》《参患》《制

《六韬》竹简书影

《六韬》，托名姜尚撰。先秦齐国兵书。分为《文韬》《武韬》《龙韬》《虎韬》《豹韬》《犬韬》。所以叫《六韬》。1972年，临沂银雀山汉墓出土《六韬》竹简。

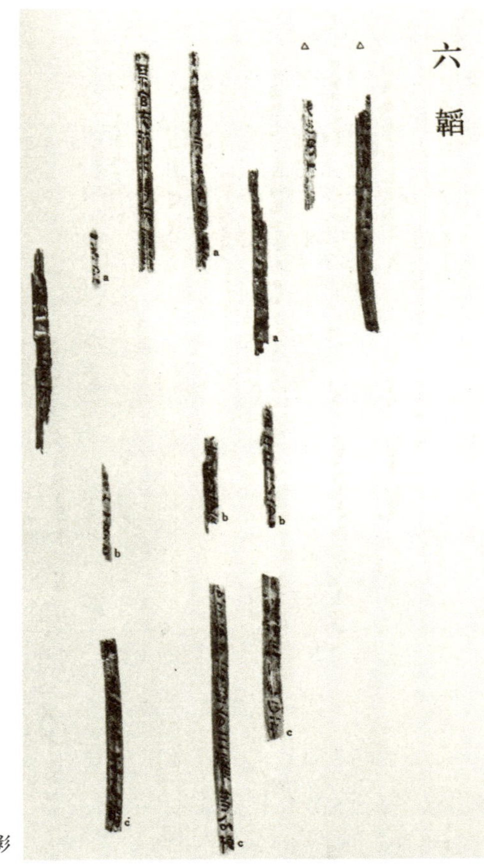

《六韬》竹简书影

分》《势》《九变》等，都是关于军事学的杰作。其军事思想主要包括战争观、战略论和战术论等方面的内容。

战争观

春秋战国时期，连绵不断的战争，像一张巨大的网笼罩着诸侯列国。战争既造就了虎视天下的五霸七雄，也吞没了铁蹄践踏的小国衰邦。从某个角度讲，战争可以改变一切。因而《管子》认为，战争具有巨大的作用，是不可避免的，也没有必要去避免它。《兵法》说：“故夫兵虽非备道至德也，然而所以辅王成霸。”《重令》说：“凡国之重也，必待兵之胜也，而国乃重。”《参患》说：“君之所以卑尊，国之所以安危者，莫要于兵。故诛暴国必以兵，禁辟民必以刑。然则兵者外以诛暴，内以禁邪。故兵者尊主安国之经也，不可废也。”

《管子》在认识到战争作用的同时，还深刻地认识到战争自身的巨大消耗和给社会带来的不可估量的破坏作用。《参患》说：“一期之师，十年之蓄积殚；一战之费，累代之

司马穰苴

姓田，名穰苴。春秋末期齐国军事家，曾任大司马。著有《司马穰苴兵法》一书。

（王立文画。选自《淄博名人》，山东文艺出版社2003年版）

功尽。”《八观》说：“什一之师，什三毋事，则稼亡三之一。稼亡三之一，而非有故盖积也，则道有损瘠矣。什一之师，三年不解，非有余食也，则民有鬻子矣。”《法法》说：“贫民伤财莫大于兵，危国忧主莫速于兵。”因而，《管子》认为战争是一种危物而不是福音，并由此提出了慎战的主张。《问》说：“夫兵事者，危物也，不时而胜，不义而得，未为福也。失谋而败，国之危也，慎谋乃保国。”《大臣》说：“有土之君，不勤于兵。”《重令》说：“兵虽强，不轻侮诸侯。”

《管子》认为战争有义与不义之分，正义的战争必胜，非正义的战争必败无疑。因而《管子》主张要进行正义的战争而反对不义之战。《七法》说：“能强其兵，而不明于胜敌国之理，犹之不胜也。兵不必胜敌国，而能正天下者，未之有也。兵必胜敌国矣，而不明正天下之分，犹之不可。故曰：治民有器，为兵有数，胜敌国有理，正天下有分。”此即明言以兵胜敌国，当胜之有

孙武

春秋末期齐人，生卒年不详。中国古代著名的军事家。著有《孙子兵法》一书。

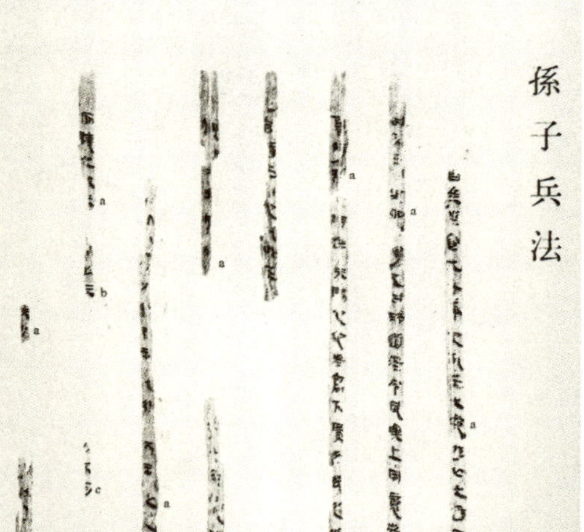

《孙子兵法》竹简书影

《孙子兵法》，孙武撰。是我国最早最杰出的军事著作。它总结了春秋以前的战争经验，提出了一系列带有普遍性的战争指导规律。全书13篇。1972年临沂银雀山汉墓出土《孙子兵法》竹简。

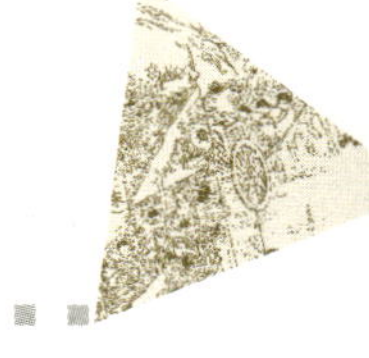

《孙子兵法》木牍书影

理；以兵征天下，当征之有分。故曰：“善胜恶，有义胜无义，有天道胜无天道。”（《枢言》）又曰：“兵强而无义者，残。”（《侈靡》）

那么何谓义战呢?《幼官》说：“至善之为兵也，非地是求也，罚人是君也。立义而加之以胜，至威而实之以德，守之而后修，胜心焚海内。民之所利立之，所害除之，则民人从。立为六千里之侯，则大人从。使国君得其治，则人君从会。”意即，所谓义战者，兵以义动，伐其暴君，而不在得人之土地。以义为宗旨，以兵为手段。兴民所利，除民所害，其民必从之。弭祸止乱定其君臣之位，其君臣从之。是以“成功立事，必顺于礼义。故不礼不胜天下，不义不胜人”。（《七法》）这种战争观恰恰是桓管争霸战争实践在管子学中的反映。

战略论

在战略上，《管子》提出了“至善不战”（《幼官》）的理论。这与《孙子兵法》的“不战而屈人之兵，善之善者也”（《孙子兵法·谋攻》）的主张是一致的。然而达此目的的方法却有区别。

《孙子兵法》主张用谋略取胜，即“上兵伐谋”。而《管子》的思路则宽阔得多了，不仅从战争本身考虑问题，而且从战争之外的政治、经济等方面通盘考虑问题。《七法》说：“为兵之数：存乎聚财，而财无敌；存乎论工，而工无敌；存乎制器，而器无敌；存乎选士，而士无敌；存乎政教，而政教无敌；存乎服习，而服习无敌；存乎遍知天下，而遍知天下无敌；存乎明于机数，而明于机数无敌。故兵未出境，而无敌者八。”在这八方面中，经济居首位，可见《管子》对经济在战争中的作用是高度重视的。关于这一问题，《管子》其他篇章也多有论述，甚至认为经济是决定战争胜负的关键因素。《七法》说：“国贫而用不足，则兵弱而士不厉。兵弱而士不厉，则战不胜而守不固。”反之，“田垦，则粟多；粟多，则国富；国富者兵强，兵强者战胜。”（《治国》）

孙膑

战国时期齐人。中国古代著名的军事家，曾任齐国军师。本名不详，因其受过膑行，故名孙膑。生卒年不详。著有《孙膑兵法》一书。指挥的桂陵之战、马陵之战成为中国古代的战争范例。

（范鲁画。选自《淄博名人》，山东文艺出版社2003年版）

管子学的经济概念不仅仅指生产部门，也包括流通领域，即认为流通领域的战斗也是决定战争胜负的因素。《轻重甲》说：“桓公曰：‘轻重之数，国准之分，吾已得而闻之矣，请问用兵奈何？’管子对曰：‘五战而至于兵。’桓公曰：‘此若言何谓也？’管子对曰：‘请战衡，战准，战流，战权，战势。此所谓五战而至于兵者也。’”此之“衡”指平衡供求关系，“准”指调节物价，“流”指物资流通，“权”指权术，“势”指流通形势。这段话的大意是，流通领域中的这五个方面的战斗，都可以用到军事上。

战术论

在战术上，管子学主要有以下几项主张：

其一，计必先定。

《管子》认为，必不得已方才动兵，动兵之前必先定“计”。此之“计”与《孙子兵法》中的“庙算”词异而意同，是指战前对敌我双方的综合

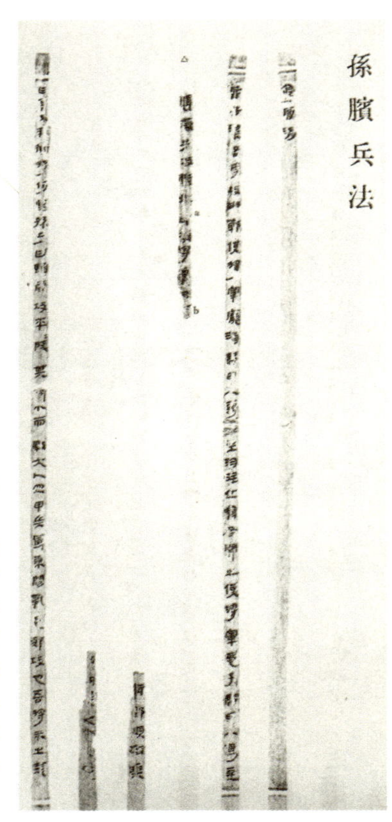

《孙膑兵法》竹简书影

《孙膑兵法》，孙膑著。不仅是齐国军事著作中极为重要的一部兵书，而且在中国古代史上也是不可多得的兵家典籍。历史上早已失传。1972年临沂银雀山汉墓出土《孙膑兵法》竹简。

分析，对开战后的趋势预测和作战的谋划等。如《七法》所说："刚柔也，轻重也，大小也，实虚也，远近也，多少也，谓之计数。"计定则胜，不定则败。《参患》说："计必先定而兵出于竟，计未定而兵出于竟，则战之自败，攻之自毁者也。"

其二，阴谋用间。

定计需先了解敌情，胜敌应先弱敌。《管子》深明此理。为达此目的，《管子》主张用间，即"阴内辩士，使图其计。"对此，《禁藏》说："谋有功者五。一曰，视其所爱，以分其威，一人两心，其内必衰也。臣不用，其国可危。二曰，视其阴所憎，厚其货赂，得情可深。身内情外，其国可知。三曰，听其淫乐，以广其心。遗以竽瑟美人，以塞其内；遗以谄臣文马，以蔽其外。外内蔽塞，可以成败。四曰，必深亲之，如典之同生，阴内辩士，使图其计；内勇士，使高其气。内人他国，使倍其约、绝其使、拂其意，是必士斗。两国相敌，必承其弊。五曰，深察其谋，谨其忠臣，揆其所使，令内不信，使有离意。离气不能令，必内自贼。忠臣已死，故政可夺。此五者，谋功之道也。"

其三，以备待时。

《管子》认为，凡是战争，必须做好充分的准备，不打无准备之仗。当一切战备工作都已结束以后，出兵开战必须慎选战机，即"辅时"。从某种意义上讲，善谋不如当时。以备待时方可战则必胜。《霸言》说："圣人能辅时，不能违时。知者善谋，不如当时。精时者，日少而功多。夫谋无主则困，事无备则废，是以圣王务具其备而慎守其时。以备待时，以时兴事，时至而举兵。"

其四，出奇制胜。

《管子》认为以奇用兵是制敌取胜的法宝，即“奇举发不意”。《小问》说：“(桓)公曰：‘野战必胜若何？’管子对曰：‘以奇。’”何谓奇?《幼官》说：“奇举发不意，则士欢用。”《兵法》说：“善者之为兵也，使敌若据虚，若搏景。无设无形焉，无不可以成也；无形无为焉，无不可以化也。”

田单

战国末期齐国名将，指挥的火牛阵一战，击败燕军，收复齐国失地。以其大功，任齐相，封安平君。

(孙雨田画。选自《淄博名人》，山东文艺出版社2003年版)

其五，避实击虚。

《管子》认为避实击虚，乃善攻之道。《霸言》说：“故善攻者，料众以攻众，料食以攻食，料备以攻备。以众攻众，众存不攻；以食攻食，食存不攻；以备攻备，备存不攻。释实而攻虚，释坚而攻脆，释难而攻易。”

由此可知，管子学的军事思想承上而启下，是我国古代兵学中的一笔宝贵财富。

《管子》的哲学思想

《管子》的哲学思想不仅非常丰富，而且异常深刻并独具特色。要者有天论、水地本原论、精气论、阴阳五行学说与社会变化思想等。

天　论

春秋以前，在思想领域占统治地位的是天命论，即把“天”看作至高无上、可以赏善罚恶、决定人间命运的主宰者。管子学以系统的理论形态大胆地向这一传统观念进行了无情的挑战。

首先，抛弃了意志之天，确立了自然之天的观念。

《管子》认为如同地一样，天也是一种自然存在物。《形势》说：“日月不明，天不易也；山高而不见，地不易也。”《管子》还认为，天是没有感情和意志的，无所谓好、恶、亲、疏。《牧民》说：“如地如天，何私何亲?如月如日，唯君之节。”《管子》进一步认为，天是客观存在的，是不以人的意志为转移的。《乘马》说：“天地，莫之能损益也。”

其次，肯定了天有一定的自然规律。

《管子》在吸收前人的相关思想成果的基础上，创造性地提出了万物有“则”的重要观点。此之“则”，即指不变之规律，又叫“常”“节”“理”等。《七法》说：“根天地之气，寒暑之和，水土之性，人民鸟兽草木之生物，虽不甚多，皆均有焉，而未尝变也，谓之则。”这不仅肯定了自然规律的客观性，而且也肯定了自然规律的普遍性。因而“天”作为一种客观存在之物，也是有一定规律的。如《形势》所说：“天不变其常，地不易其则，春秋冬夏，不更其节。古今一也。”《君臣上》亦说：“天有常象，地有常形，人有常礼。一设而不更，此谓三常兼而一之。”那么什么是天之“常”呢?《形势解》说：“天覆万物，制寒暑，行日月，次星辰，天之常也。”这又进一步否定了天能给人类社会赐福或降祸的说法。

水地本原论

宇宙万物的本原是什么?这是哲学首先要回答的问题。关乎此，《管子》在中国哲学史上第一次明确地提出了“水”“地”是万物之本原的思想。

《管子》认为，地是万物的本原，是一切生命的植根之处，美与丑、善与恶、贤与奸、智与愚都是由地产生的。水像人身的血脉一样，在大地里流通着。所以说，水是具备一切的东西。(《水地》) 可知，《管子》是

太公湖

临淄区人民政府新修生态环境保护工程。位于牛山脚下的淄河段。

将“水”与“地”看作一体之物的，同为宇宙万物之本原，而对“水”尤多论之。

首先，《管子》认为水无处不在，万物皆由水所生所成。

《水地》说：“是以水者，万物之准也，诸生之淡也。韪非得失之质也。是以无不满无不居也。集于天地，而藏于万物，产于金石，集于诸生。故曰水神。集于草木，根得其度，华得其数，实得其量。鸟兽得之，形体肥大，羽毛丰茂，文理明著。万物莫不尽其几，反其常者，水之内度适也。”

《管子》认为人也是由水生成的。故而，《水地》说：“人，水也。男女精气合，而水流形。”又说：水“凝蹇而为人，而九窍五虑出焉”。

其次，《管子》认为，水不但生成万物的形体，生成了人，而且还生成了人类的“仁”“正”“义”等多种美德。

《水地》说：“水集于玉而九德出焉。”具体讲就是“玉温润以泽，仁也。邻以理者，知也。坚而不蹙，义也。廉而不刿，行也。鲜而不垢，洁也。折而不挠，勇也。瑕适皆见，精也。茂华光泽，并通而不相陵，容也。叩之，其音清搏彻远，纯而不杀，辞也。”

第三，《管子》进一步认为风俗民情乃至人的性格也受水的影响甚或支配，因而君主治民以水。

《水地》说：“夫齐之水道躁而复，故其民贪粗而好勇。楚之水淖弱

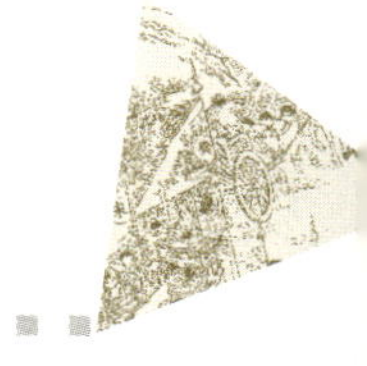

而清，故其民轻果而贼。越之水浊重而洎，故其民愚疾而垢……是以圣人之化世也，其解在水。故水一则人心正，水清则民心易。一则欲不污，民心易则行无邪。是以圣人之治于世也，不人告也，不户说也，其枢在水。”

在上述认识的基础上，《水地》得出结论说：“水者何也?万物之本原也，诸生之宗室也，美恶、贤不肖、愚俊之所产也。”

水地是万物之本原的观点，今人看来显然存在问题，然而在当时来说，无疑是对万物神造说的大胆否定，是一种朴素唯物论的观点。

精气论

如果说水、地本原论，在解释宇宙万物何以生成这个问题上，还显得比较直观朴素和原始的话，那么管子学的精气论在探讨万物本原方面则精密多了。

《管子》把气中的精华部分谓之“精气”，简称为“精”。《内业》说：“精也者，气之精者也。”并认为万物的本原是精气，换言之，精气生成了宇宙万物。《内业》说：“凡物之精，此则为生，下生五谷，上为列星，流于天地之间，谓之鬼神；藏于胸中，谓之圣人，是故民气，杲乎如登于天、杳乎如入于渊，淖乎如在于海，卒乎如在于己。是故此气也，不可止以力，而可安以德；不可呼以声，而可迎以音。”又说：“凡人之生也，天出其精，地出其形，合此以为人。”《枢言》说：“有气则生，无气则死，生者以其气。”

这段话有这么几层含义：其一，精气具有普遍性，它无时无处不在；登天、入渊、在海、在人，超越时空，恒久而不灭。其二，精气具有可变性，它流于万物，赋予不同事物以不同的特性。其三，精气不仅产生宇宙万物，而且还产生了鬼神、人类以及人的精神。

《管子》的精气说，是力图说明物质世界、精神世界何以产生的理论体系，是我国古代“气”一元论的精华所在。

阴阳五行思想

原始的朴素五行说始载于《尚书 · 洪范》:“五行:一曰水,二曰火,三曰木,四曰金,五曰土。水曰润下,火曰炎上,木曰曲直,金曰从革,土爰稼穑。”这里的“五行”是指人们生活日用的五种不可缺少的物质材料,不含神秘意味。

邹衍

战国时期齐人。著名的稷下先生,阴阳五行学说的集大成者。

(范鲁画。选自《淄博名人》,山东文艺出版社2003年版)

演变至春秋战国,出现了五行相生和五行相胜(即相克)的两种说法。何谓五行相生?即木生火,火生土,土生金,金生水,水又生木。何谓五行相胜?即土胜水,水胜火,火胜金,金胜木,木又胜土。

五行的相生、相胜,都是从自然现象导引出来的,具有朴素唯物论的因素。但是,在从春秋到战国的社会大变革中,朴素的五行说在其发展进程中,以人事与天道相比附,逐步渗进了天人感应等唯心论的东西。《左传》所载有关五行的种种说法,已出现了此种倾向。而《管子》中阴阳五行诸篇,天人感应说更居于重要地位。《幼官》《四时》《五行》和《轻重乙》四篇中的阴阳五行说,均属于五行相生的系统,找不到五行相胜的痕迹。这四篇出自管子学派阴阳家学者的作品,集中反映了当时以五行相生为特征的阴阳五行说已趋于成熟,而五行相胜说似尚未兴盛。这就是《管子》中阴阳五行说的鲜明的时代特征。

《管子》中四篇阴阳家作品内容颇为丰富,其哲学基础是天人感应说,即在人事与天道的关系上主张“人与天调,然后天地之美生”。(《五行》)这种五行相生学说主要由以下三个方面构成:

其一,以五行配合四时季节的转移,成为五行相生的"五德终始",并将五方、五气、五色、五音、五味等等纳入这个体系。

《四时》说:"是以圣王治天下,穷则反,终则始;德始于春,长于夏;刑始于秋,流于冬。"很显然,五行相生说也是一种五德终始说。至于将五气、五色、五音、五味等等凑成五数纳入五行相生的体系,在这四篇作品中均有不尽相同的体现。

其二,"务时而寄政",即由君主按四时季节施行不同内容的教令。

《四时》说:"阴阳者,天地之大理也;四时者,阴阳之大经也;刑德者,四时之合也。""阳为德,阴为刑。"按四时季节施行的政令措施不仅包括对农业生产的管理,"春嬴育,夏养长,秋聚收,冬闭藏";还包括实行赏赐和刑罚,夏"赏赐赋爵,受禄顺乡,谨修神祀,量功赏贤,以动阳气",冬"断刑致罚,无赦有罪,以符阴气。"(《四时》)这种四时政令是五行相生说的主干,有一定的科学、合理因素。

其三,"刑德合于时则生福,诡则生祸"的机祥灾异之说。

从正面而言也是"务时而寄政",使人事合于天道;从反面来说,则是四时各有禁忌,违反这些禁忌,人事逆予天道,那就"作事不成,必有大殃"。《四时》《五行》篇均有关于灾异的论述,这显然是迷信的、反科学的东西。

社会变化思想

世界上没有一成不变的事物。中国传统思想自它萌生之日起,就已充溢着圣哲先贤关于自然、社会、人生变化不息的智慧。《论语 · 子罕》说:"子在川上曰:逝者如斯夫,不舍昼夜。"《诗经 · 小雅 · 十月之交》说:"烨烨震电,不宁不令。百川沸腾,山冢崒崩。高岸为谷,深谷为陵。"《老子 · 二十三章》说:"天地尚不能久,而况于人乎?"《老子 · 二十五章》说:"大曰逝,逝曰远,远曰反。"《庄子 · 天下》说:"日方中方睨,物方生方死。"《易 · 系辞上》说:"在天成象,在地成形,变化见矣。"这些论述无不说明奇丽的大自然以自身的方式,使冬去春来,草枯花荣,山河改颜;人也在自然中生生死死,代代相传。万事万物都在自然的流转过程中改变着过去,创新着未来。换言之,事物时刻处在运动变化之中。

孔子在川观水

（选自《图说孔子》，山东友谊出版社2006年版）

《管子》的哲学中同样具有丰富而深刻的变化思想。

《管子》认为，在阴阳运动的作用力下，自然界无时无刻不在变化之中。《乘马》说：“春秋冬夏，阴阳之推移也；时之短长，阴阳之利用也；日夜之易，阴阳之化也。”

《管子》认为，人生没有长久不变的。圣人之所以是圣人，就是因为圣人能够遇时而变，最后达到德配天地的境界。《宙合》说：“人而无良焉……所贤美于圣人者，以其与变随化也。渊泉而不尽，微约而流施，是以德之流润泽均加于万物。故曰：圣人参于天地。”此之“良”，借为“长”，指长久而言。

《管子》认为，社会始终处于不断变化的过程之中。考之于史，伏羲氏创造六爻八卦预测阴阳，发明九九算法印证天道，从而使天下归化。神农氏在淇山之阳种植五谷，九州百姓皆效仿，从而使天下归化。燧人氏钻木取火，百姓开始熟食，从而使天下归化。黄帝推行开垦山林、排除水泽的政策。虞舜实行消除灾害，为民兴利的政策，人民开始知礼。这两个朝代，人们没有怨恨、凶恶和抗拒，从而使天下归化。夏禹凿二十条河流，疏十七条淤水，开三江五湖，引四经之水，测量九州高地，防治九个大泽，造房屋、建城郭，人民安居乐业，从而使天下归化。商汤

修立栅圈，驯养牛马，为民造福，从而使天下归化。周代遵循六爻八卦，印证阴阳发展，从而使天下归化。（《轻重戊》）

面对自然、人生和社会的变化，不同的人有不同的态度。有人害怕而抗拒，说“天不变道亦不变”。有人顺应而推动，说“易，穷则变，变则通，通则久。”《管子》对待变化的态度，显然属于后者。

对于自然和人生的变化，《管子》的态度是：“天地不可留，故动，化故从新。”“化变者也，天地之极也。”（《侈靡》）“一物能化谓之神，一事能变谓之智。”（《内业》）又说：“一气能变曰精，一事能变曰智。”（《心术下》）

对于社会的变化，《管子》的态度是：“不明于化，而欲变俗易教，犹朝揉轮而夕欲乘车……变俗易教，不知化不可。”（《七法》）“古之所谓明君者，非一君也。其设赏有薄有厚，其立禁有轻有重，迹行不必同，非故相反也，皆随时而变，因俗而动。”“不慕古，不留今，与时变，与俗化。”（《正世》）

由上述可知，《管子》不仅承认自然、人生和社会的变化，而且以乐观的态度对待变化和变革，勇敢地告别过去，积极地开拓未来，推动着人类社会的发展与进步。

《管子》的科技思想

《管子》认为经邦治国最根本的问题是富国强兵，而富国强兵离不开科学技术的进步。因而《管子》一书中关于科技的论述非常丰富。主要有以下诸方面的内容：

农学思想

管子学的农学主要包括土壤学，地宜学，天时、地利、人力观和水利学等。

首先看土壤学。

管子学很注意对土壤的分辨，因为土壤是一切农作物赖以生存的最

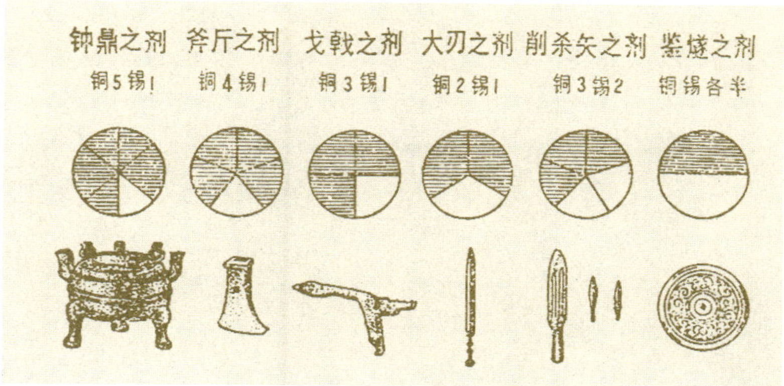

钟鼎之剂 斧斤之剂 戈戟之剂 大刃之剂 削杀矢之剂 鉴燧之剂
铜5锡1 铜4锡1 铜3锡1 铜2锡1 铜3锡2 铜锡各半

《考工记》"六齐"律示意图

《考工记》，春秋时期的齐国官书，中国古代第一部关于手工业工艺和技术的专著。

根本的环境和条件。《山国轨》根据土壤植被、产物、自然之势把土壤分为四大类，即“有莞蒲之壤，有竹箭檀柘之壤，有汜下渐泽之壤，有水潦鱼鳖之壤”。《地员》篇对土壤的划分更加细密而系统，可称为先秦土壤学的佳作。该篇按照土壤的颜色、质地、肥力、性状、水文、水质以及土壤所处的地形等，把“九州之土”分作上中下三等十八类九十种土壤。并且，按同样的方式把平原的土壤分为六类，把丘陵地区的土壤分为五类，把山地的土壤分为九类，把高山上的土壤分为五类。这种细密的分类反映了管子学对土壤有着全面而深刻的认识。

其次看地宜学。

“因地制宜”或曰“地宜学”，是我国古代农业生产的重要指导思想之一。管子学的因地制宜思想是建立在土壤学基础上的产物。《地员》在对土壤进行分类的同时，也对不同土壤适宜种植的农作物、经济作物以及适宜生长的草木等进行了论述，同时还对在适宜土壤上所生长的作物的状况进行了描述。正是在这种前提下，《管子》的很多篇章上升到治国的角度提出了一系列关于地宜学的看法。比如，《立政》说：“桑麻不植于野，五谷不宜其地，国之贫也。”反之，“桑麻植于野，五谷宜其地，国之富也。”故而，《七臣七主》把地宜提到明主六务之一的高度来认识问题了。

再次看天时、地利、人力观。

管子学认为，农时对于农业生产是至关重要的，“地之生财有时”（《权修》），“不失其时然后富”（《禁藏》），“力地而动于时，则国必富矣”（《小问》）。否则，“不务天时则财不生”（《牧民》）。管子还看到农时之宝

↑齐国故都城墙遗址

齐国故都城墙遗址全部用土夯筑而成，由于依自然地形而筑，四周不很规整，有24处拐角，现有14处保存完整。大小两城城墙总周长21433米。

贵，“时之处事精矣，不可藏而舍也。故曰，今日不为，明日忘货。昔之日已往而不来矣。”（《乘马》）机不可失，时不再来。因而《管子》主张“不违天时”“审时以举事”。（《五辅》）

如同重视天时一样，《管子》也很重视地利。管子学往往把地利与天时并举。《牧民》说：“不务天时则财不生，不务地利则仓廪不盈。”因而管子主张“地辟举”（《牧民》），即充分提高对土地的开发和利用。因为“地之不辟者，非吾地也。”（《权修》）管子还进一步主张“实圹虚”“发伏利”，即开荒垦田和尽力开发土地的潜力。

天时也好，地利也好，最终要落脚到人，因为人是最主要的生产力。因而《管子》重天时、地利，尤其重视人力资源。那么，怎样才能有效地发挥人的作用呢?从提高生产者的素质来说，要通过科学技术的手段，使生产者成为耕作能手，即“非诚农不得食于农”。（《乘马》）从君主的角度看，应该通过辟地的方式“留民”和“来民”，即增加劳动力。《牧民》说：“地辟举则民留处。”《权修》说：“远人至而不去。”还要重尽民力，“欲为天下者，必重用其国；欲为其国者，必重用其民；欲为其民者，必重尽其民力。”为达此目的必须使民接受管理，即成为可牧之民，因为“民不牧者，非吾民地”。

复次看水利学。

管子学非常重视水在农业生产中的作用。《禁藏》说：“夫民之所主，衣与食也。食之所生，水与土也。”既然水是人类赖以生存的重要因素之一，那么就不能不认识水的特性，掌握水的规律。对此，管子学派的先生们是作了细致观察和精心研究的。《水地》《度地》《地员》诸篇对于水性、水色、水味等都有深入的论述。比如，水有“仓、黄、黑、白、赤”五色，有“淡”“甘”“糗”“咸”“苦”五味，有经水、枝水、谷水、川水、渊水五类。五色、五味、五类水都与地势、地貌、土壤及水的深浅等有

齐国故都大小城城墙衔接处

齐国故都临淄包括大城与小城两部分。大城南北近4.5公里，东西3.5公里；小城南北2公里余，东西近1.5公里。大城是官吏、平民、手工业者和商贾居住的郭城，小城是国君居住的宫城。小城衔筑在大城的西南方，其东北部伸进大城的西南隅。两城巧妙地衔接为一体，具有很高的科学价值。

↑ 排水道口

此排水道口是齐国故都临淄排水系统的有机组成部分，位于大城的西北角。东西长43米，南北宽7米，深3米，用天然巨石垒砌而成。水口上下分三层，每层5个方形水孔，孔内石块交错排列，水经孔内间隙排出，人却不能通过。既能排水，又能御敌，很具科学性。为世界同时代古城排水系统建筑史上所罕见。

关。(《地员》) 在对水性、水色、水味全面把握的前提下，《管子》提出了以水造福于人的水利观。具体主张是，政府设置水官，专门负责兴修水利的工作。当时的水利工程已有渡槽、水库等蓄水、灌溉等设施了。

植物学思想

在对农学进行全面深入研究的同时，《管子》对与农学密切相关的植物学也进行了探讨，积累了大量关于植物分类、特性、规律等方面的知识。《地员》提出了“凡草木之道，各种谷造，或高或下，各有草土”的精辟见解。这里有两层意思：一是说植物的生长同土壤的性质有关，不同质地的土壤，其所宜生长的植物各不相同；二是说植物的分布与地势的高下有关，已注意到植物垂直分布的特点。《地员》还具体描述了十二种植物在一个小地段上按地势高低不同的分布序列。

数学思想

《管子》认为“计数”是治国治军的基本原则之一。此之“数”便包含有今天数学的内容。因而,《管子》一书中有许多数学知识的记载。主要有这么几项:

扁鹊

姓秦,名越人。战国时期齐人。中国古代著名的医学家,中医学的奠基者。

(于受万画。选自《淄博名人》,山东文艺出版社2003年版)

其一,记述了九条“九九”乘法口诀。其中《地员》有五七三十五、四七二十八、三七二十一、二七一十四、六七四十二、七七四十九、七八五十六、七九六三十等八条;《海王》有一条:五六三十。

其二,记载了分数的广泛应用。《山至数》说:“山处之国,常藏谷三分之一;汜下多水之国,常操国谷三分之一;山地分之国,操国谷十分之三;……”《轻重丁》说:“阴雍长城之地,其于齐国三分之一……”在其他篇中也可看到分数被广泛应用。

其三,论及一些比例问题。《轻重甲》说:“粟贾平四十,则金贾四千。粟贾釜四十,则钟四百也,十钟四千也,二十钟者为八千也。金贾四千,则二金中八千也。然则一农之事,终岁耕百亩,百亩之收,不过二十钟,一农之事,乃中二金之财耳。……釜四百,则是钟四千也,十钟四万,二十钟者八万。金贾四千,则是十金四万也,二十金者为八万。故发号出令曰,一农之事,有二十金之策。”粮价越高,农民的收入也越高,这是正比例关系。《轻重丁》中还记载了反比例关系。

此外,《管子》还论及了各种数学运算。如《地员》中有10至20乘以7的运算,及分数运算、乘方等。

生态环境保护学思想

生态环境是人类生存和发展的基础。环境一旦遭到破坏，就会给人类带来巨大的灾难。因而，保护环境便成了人类面临的重要课题。这一课题不是今天才提出的，古人也同样重视。

先秦齐国尽管拥有较之今天更加优美与和谐的自然生态环境，然而，《管子》并没有盲目乐观，而是及时提出了取之有时、用之有度的节约自然资源和保护环境的思想。《八观》说："山林虽广，草木虽美，禁发必有时；国虽充盈，金玉虽多，宫室必有度；江海虽广，池泽虽博，鱼鳖虽多，罔罟必有正。"因而，《管子》提出了"夫财之所出，以时禁发焉"的主张。(《立政》) 为了保护生态环境，管子还制订了一系列的政策和措施。这些政策、措施与主张共同构成了管子学的朴素的生态环境保护学说。其主要内容有以下几项：

其一，加强对森林资源的保护。

《管子》要求人们保护林木大树，不要乱砍滥伐。《侈靡》说："潭根之毋伐，固事之毋入，深黎之毋涸，不仪之毋助，章明之毋灭，生荣之毋失。"意思是说，对待森林古树，应延伸其根基而不砍伐，加固其蒂蔓而不割刈，深犁其根土而不使其枯萎，培育其树身而剪除枝蔓，加强其日照而不遮蔽光线，保持其茂盛而不加以损害。

《管子》警告人们要重视森林防火。对森林资源威胁最大的隐患就是火灾，一场森林大火往往会带来毁灭性的损失，不仅森林资源会付之一炬，还会危害人类和动物的生命安全，并且会污染环境，造成生态失调，破坏社会生产力等。所以，防火任务重于泰山。《立

树木多目禽纹瓦当
建筑材料。战国时期。出土于齐国故城。

政》说："山泽不救于火，草木不植成，国之贫也。"相反，"山泽救于火，草木植成，国之富也。"不仅要提高人们严防火灾的意识，而且要将防火纳入法制化轨道。《立政》又说："修火宪，敬山泽林薮积草。"就是国家通过制定防火法令，禁止在山林之处堆放枯草，以防止火灾的发生，保护森林资源的安全。

四鹤纹瓦当拓片
建筑材料。战国时期。出土于齐国故城。

《管子》主张开展植树造林活动，要求人们在路边地头、房前屋后、山坡洼地和其他空闲地植树造林，以积蓄木材。并要求人们在水库四周、堤坝河岸营造防护林，植棘种草，既增加了木材供应量，又美化了环境，同时还起到防止水土流失的作用，这在《度地》等篇中都有叙述。管子还主张采取措施，奖励造林有功者。"民之能树艺者，置之黄金一斤，直食八石。"(《山权数》)。从而激发百姓造林的积极性。

其二，保护野生动植物资源维护生态平衡。

《管子》认为，在春季不能乱捕乱杀野生动物，不能随意砍伐树苗和采摘花草，以保护自然界万物正常生长。"毋杀畜生，毋拊卵，毋伐木，毋夭英，毋拊竿，所以息百长也。"(《禁藏》)这种保护环境和生态平衡的做法，是为了人类自己的利益不受损害。"故春仁、夏忠、秋急、冬闭，顺天之时，约地之宜，忠人之和，故风雨时，五谷实，草木美多，六畜蕃息，国富兵强。"(《禁藏》)

其三，国家垄断经营重要自然资源。

《管子》认为，盐、铁、森林等重要自然资源对国计民生都有至关重要的作用，因此，国家要以垄断的方式加以重点保护。《轻重甲》说："为人君而不能谨守其山林沮泽草莱，不可以立为天下王。"因而，管子实行"官山海"的政策，既保护了国家重要的自然资源，又保障了国家财政收入。

其四，《管子》认识到生态环境与气候有着密不可分的联系，认为自然界的灾异性气候与人为破坏生态环境有直接关系。

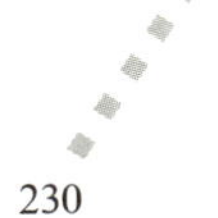

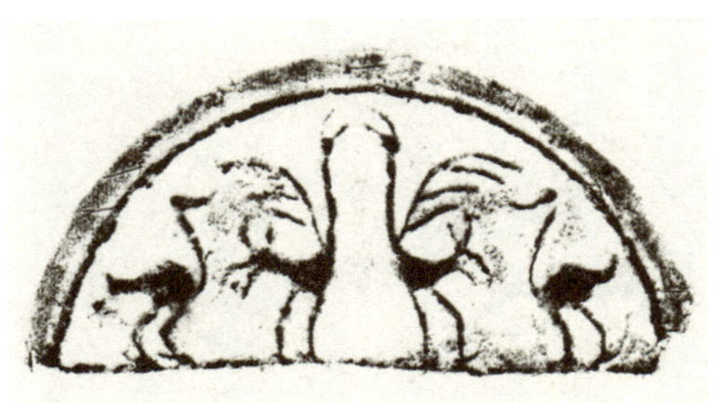

树木人兽纹瓦当拓片
建筑材料。战国时期。出土于齐国故城。

《七臣七主》说："夫凶岁雷旱，非无雨露也，其燥湿非其时也。"意即凶年发生旱涝灾害，并不是没有雨露，而是干旱与降水不合时节造成的。又说："故春政不禁则百长不生，夏政不禁则五谷不成，秋政不禁则奸邪不胜，冬政不禁则地气不藏。四者俱犯，则阴阳不和，风雨不时，大水漂州流邑，大风漂屋折树，火暴焚地焦草，天冬雷，地冬霆，草木夏落而秋荣……六畜不蕃，民多夭死。"意即引起这些反常的气候和灾难性恶果，都是人们破坏自然生态环境造成的。因此，《管子》又提出了"四禁"主张。"四禁者何也？春无杀伐，无割大陵，倮大衍，伐大木，斩大山，行大火，诛大臣，收谷赋。夏无遏水达名川，塞大谷，动土功，射鸟兽。秋毋赦过，释罪，缓刑。冬无赋爵赏禄，伤伐五谷。"(《七臣七主》)《管子》的"四禁"思想，其实质就是保证社会经济的可持续发展，奉劝人们不要人为地破坏环境和生态平衡。行政命令也要合时令，否则就会造成气候变异，社会动乱，随之而来的是一些严重后果。

《国准》中还对历史上一些人为破坏生态环境的做法大加批评。说："有虞之王，枯泽童山。夏后之王，烧增薮，焚沛泽，不益民之利。"并进一步说："童山竭泽者，君智不足也。"这种生态保护意识淡薄、严重损害老百姓利益、对社会安定和经济发展带来极坏影响的做法，是君主不够明智的表现。

此外，《管子》中还有诸如医药学、养生学、地理学等方面的记载。凡此都是管子学经世致用思想产物。其中的许多思想观点对今人依然有重要的启迪意义。

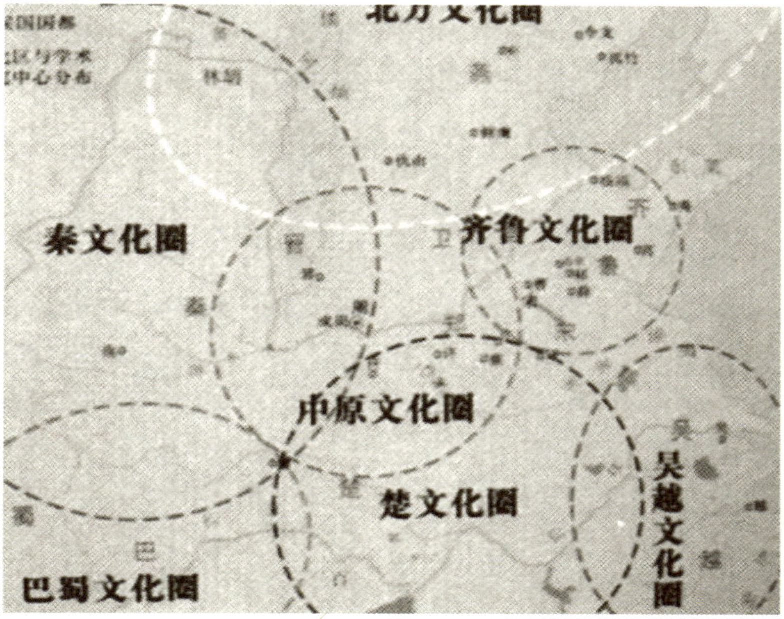

先秦区域文化圈示意图

（选自《中国文化史》，高等教育出版社2005年版）

丰碑永存

管仲作为一个历史人物，距今已有2600余年的历史。然而斯人远去，音容宛在，精神长存。这就是我们常说的永垂不朽吧！

何谓不朽？古人说："太上有立德，其次有立功，其次有立言。虽久不废，此之谓不朽。"（《左传·襄公二十四年》）

孔子对管仲的功德给予了高度评价。他说："管仲相桓公，霸诸侯，一匡天下，民到于今受其赐。微管仲，吾其被发左衽矣。" 意思是说，管仲辅佐齐桓公创建的霸业，功德惠及今人。假如没有管仲的话，我们都要像少数民族那样披散着头，衣服的大襟向左边开了。孔子又说："桓公九合诸侯，不以兵车，管仲之力也。如其仁！如其仁！"（《论语·宪问》）孔子，作为古代中国的圣人，所追求的最高道德目标是达到"仁"的境界。他从来不以"仁人"自居，也罕以"仁"评价他人，在此却把连用的"仁"德送给了管仲。管仲若地下有知，将会含笑九泉了。王船山也说："管仲之仁，正于其相桓见也。……微管仲，四夷阑入，兵戈不戢，而衣裳之会不兴，垂至今日，吾其被发左衽矣。”（《四书训义》卷十八之《管仲相桓公霸诸侯一匡天下》）可见，站在民族和文化传统的存亡高度，对管仲高尚道德的礼赞和丰功伟绩的首肯，在古代中国是以一贯之的。

对于管仲思想和《管子》一书，历代学者无不推崇备至。

杨忱说：“《管子》论高文奇，虽有作者，不可复加一辞。”张履说：“《管子》，天下奇文也。”（《诸子集成》卷五，上海书局版，第12页）这是从辞章的角度给予《管子》的评价。

刘向《管子·叙录》说：“凡《管子》书务富国安民，道约言要，可以晓合经义。”张履说：“《管子》实致用之书，李悝之平粜、贾谊之积贮、晁错之言兵、诸葛武侯之毋赦，皆本于此。”薛福成说：“泰西各邦治国之法，或暗合《管子》之旨，则其擅强盛之势亦较多。”（张履《续书管子后》，薛福成《出使英法义比四国日记》，转引自罗检秋《近代诸子学与文化思潮》，中国社会科学出版社1988年版，第53、75页）张佩纶说：“居今日而求振兴，惟《管子》一书最切当世之用。”（《管子学》，台湾商务印书馆1971年版，第2745页）这是从义理和价值角度给予《管子》的评价。

顾颉刚说：“《管子》一书是先秦诸子中的巨帙。”（《‘周公制礼’的传说和〈周官〉一书的出现》，《文史》第六辑）罗根泽说：“在先秦诸子，裒为巨帙，远非他书所及。”（《诸子考索》，人民出版社1958

管仲纪念馆全景

位于临淄区牛山北麓。依托管仲墓而建。靠山面水，恢弘典雅。2004年建成开放。

年版，第424页）这是从比较的角度，给予《管子》的综合评价。

在我国改革开放的新时期，管仲、《管子》和管子文化又焕发了新的青春。一次次管子文化研讨会的召开，一部部研究管子专著的出版，齐文化研究院的成立，《管子学刊》的创办，临淄管仲纪念馆的落成，颍上管子文化园的建设，无不显示了管子文化的强大生命力。

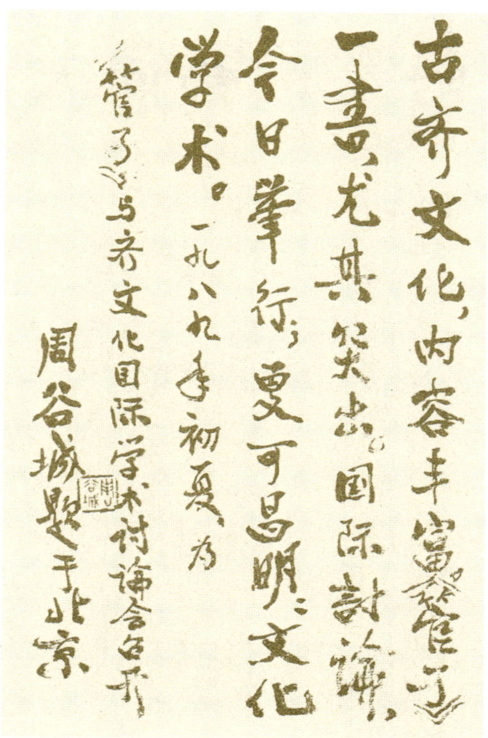

周谷城题词

原全国人民代表大会副委员长、著名历史学家周谷城1989年为“管子与齐文化国际学术讨论会”题词。

管子是中国的，管子文化则属于全人类。2002年，第五届齐文化国际学术讨论会期间，韩中哲学会会长、东国大学哲学教授金弼洙博士说：“《管子》一书中的诸多精辟论述，对当今社会有着很强的现实指导性，无论是政治、经济、文化，还是外交等各个领域的问题，都能从这本书中寻到很多有益的启示，特别是眼下国际上存在的一些棘手问题，也能从这本书中找到一些解决问题的办法。为此，韩国政府向韩国国家研究会提供了4500万韩元，专门用于研究《管子》及此书的翻译和出版。”韩国鲜文大学教授李宣徇女士说：“《管子》一书的思想，不像孟子、庄子那样太趋理想化，它具有很强的现实性和指导性。尤其是国际问题复杂化的今天，多研究《管子》，会给我们很大的帮助。”（《淄博日报》，2002年8月9日，第6版）

无须更多的征引和论证，仅此即足以说明，管子像一座永存的丰碑，耸立于天地之间，弘扬先贤，昭示后人。

附录：管仲大事年系

约公元前725年（齐僖公六年）

管仲生于颍上（春秋时楚属慎邑，今安徽省颍上县）。

约公元前725年至公元前701年（齐僖公六年至三十年）

青年管仲在南阳、成阴等地经商、当兵、为吏、养马等，从事过多种低贱的职业。

约公元前701年（齐僖公三十年）

管仲、隰朋辅佐公子纠，鲍叔牙辅佐公子小白。

约公元前698年（齐僖公三十三年）

齐僖公卒，其长子诸儿即位，是为襄公。

公元前686年（齐襄公十二年）

齐襄公被弑。

管仲、召忽奉公子纠奔鲁。

其前，鲍叔牙奉公子小白奔莒。

公元前685年（齐桓公元年）

公孙无知被杀。

齐桓公(公子小白)即位。

齐鲁乾时之战,鲁师败绩。

公子纠被杀。

鲍叔力荐管仲。

管仲被囚,返齐,任相。

公元前684年（齐桓公二年）

齐鲁长勺之战,齐师败绩。

齐、宋合兵谋鲁,鲁败宋师,齐师无功而返。

齐灭谭。

公元前683年（齐桓公三年）

齐桓公娶王姬。

公元前682年（齐桓公四年）

与诸侯相安无事，当为管仲集中改革内政时期。

公元前681年（齐桓公五年）

齐桓公与诸侯盟于北杏。

齐灭遂。

齐、鲁盟于柯。鲁大夫曹沫劫盟，管仲劝桓公守信，不可弃信于诸侯，桓公从之。自此，桓公之信著乎天下。

公元前680年（齐桓公六年）

宋国背北杏之会，齐与陈、曹伐宋。齐请师于周。周派单伯助齐伐宋。单伯与齐、宋、卫、郑等国诸侯盟于鄄。

公元前679年（齐桓公七年）

齐桓公与诸侯复盟于鄄，齐桓公被推为盟主，齐国霸业初成。

公元前678年（齐桓公八年）

齐与宋、卫伐郑。

齐与诸侯盟于幽。

公元前674年（齐桓公十二年）

齐伐戎。

公元前672年（齐桓公十四年）

齐、鲁盟于防。

公元前668年（齐桓公十八年）

齐与鲁、宋伐徐。

公元前667年（齐桓公十九年）

齐与诸侯同盟于幽。

周惠王赐命桓公，使伐卫。

公元前666年（齐桓公二十年）

齐奉王命伐卫。

楚伐郑。齐、鲁、宋救郑。

公元前664年（齐桓公二十二年）

齐桓公与鲁庄公会于鲁济，谋伐山戎。

齐伐山戎。

公元前663年（齐桓公二十三年）

齐伐山戎归。命燕复修召公之政。

公元前662年（齐桓公二十四年）

为管仲城小谷。

楚国伐郑。

齐桓公与宋公遇于梁丘。

公元前661年（齐桓公二十五年）

狄伐邢，管仲说桓公救邢。

公元前600年（齐桓公二十六年）

狄灭卫，为卫戍曹。

平定鲁国庆父之难。

公元前659年（齐桓公二十七年）

救邢，迁邢于夷仪。

楚伐郑。齐与诸侯盟，谋救郑。

公元前658年（齐桓公二十八年）

齐城楚丘而封卫。

齐、宋、江、黄盟于贯。

公元前657年（齐桓公二十九年）

齐、宋、江、黄会于阳谷。

公元前656年（齐桓公三十年）

齐伐楚，盟于召陵。齐国的盟主地位因而更为稳固。

公元前655年（齐桓公三十一年）

齐与鲁、宋等盟于首止，谋宁周室。

郑伯逃盟。

公元前654年（齐桓公三十二年）

诸侯伐郑。

公元前653年（齐桓公三十三年）

诸侯盟于宁母，管仲以礼德说桓公。

惠王崩，襄王惧不立，告难于齐。

公元前652年（齐桓公三十四年）

诸侯盟于洮，襄王定位。齐国成功地确立了周襄王之位，这不仅显示了霸主左右政治局势的能力，也使其霸主地位更为牢固。

公元前651年（齐桓公三十五年）

诸侯葵丘之盟，管仲劝桓公拜胙。

管仲劝止桓公封禅。

齐国霸业达到高峰。

公元前650年（齐桓公三十六年）

伐北狄。

公元前649年（齐桓公三十七年）

齐、鲁会于阳谷。

王子带作乱，管仲会师戍周。

公元前647年（齐桓公三十九年）

诸侯会于咸。

诸侯戍周。

公元前646年（齐桓公四十年）

诸侯城缘陵而迁杞。

管仲病中论相。

公元前645年（齐桓公四十一年）

管仲卒。

隰朋卒。

再版说明

《图说孔子》《图说孙子》《图说管子》《图说孟子》是“中国哲圣人物丛书”的首批推出书目。该系列丛书用“图说”的新形式图文并茂地介绍了中国古代哲圣人物，出版以来深受广大读者的喜爱，并输出了日文版、英文版版权。其中《图说孔子》还获得“山东省优秀图书奖（文学类）”“2014年度输出版优秀图书奖”等奖项，并入选首批“中国图书对外推广计划”重点推荐图书。

本次再版对全书文字重新进行了校正，对引文进行了严谨核定，修改了一些错误和不够严谨的地方，但难免会有不足之处，恳请读者提出宝贵意见，使这套丛书通过不断打磨，臻于完善。

山东友谊出版社

2016年1月

图书在版编目（CIP）数据

图说管子／宣兆琦著．—2版．—济南：山东友谊出版社，2016.3

ISBN 978-7-5516-1023-0

Ⅰ．①图… Ⅱ．①宣… Ⅲ．①管仲（？～前645）—生平事迹—图集 Ⅳ．B226.1-64

中国版本图书馆CIP数据核字（2016）第043518号

主管单位：山东出版传媒股份有限公司
出版发行：山东友谊出版社
地　　址：济南市英雄山路189号　　邮政编码：250002
电　　话：出版管理部（0531）82098756
市场营销部（0531）82098035（传真）
印　　刷：山东临沂新华印刷物流集团
版　　次：2016年3月第2版
印　　次：2016年3月第2次印刷
规　　格：168mm×245mm
印　　张：15.5
字　　数：230千字
定　　价：38.00元